用3秒翻轉人生改變未來

弱みが強みに変わる！3秒ポジティブ変換ブック

擊退內心小惡魔，讓黑暗面發光的正向轉化指南

MAYU姐 著
陳怡君 譯

前言

用三秒改變自己、改變未來！

你經常會責備自己「為何總是充滿負面思考……」嗎？

已經不須要這麼做了。

因為負面思考是能高度管理危機的能力！

感謝各位讀者拿起本書。

自我介紹一下，我是MAYU姐。在YouTube、ＩＧ等社群網站，以「支援女性的網紅（意見領袖）」的身分提倡「增加自信而活」，同時傳遞有關身心健康的訊息。

很高興的是，現在，我的社群網站已經累計有約一百萬名的追隨者，同時我還有在經營公司，也經常舉辦活動演講，以及經營線上健康社群。

但事實上，我是個徹頭徹尾想法很負面的人。

以前我認為：

「正向思考什麼的，根本與我無緣」。

在二十五歲前，我因為過於負面的性格而與重要的朋友疏遠。

「我很喜歡MAYU唷。但老實說，跟妳在一起的時候總會被妳的負面想法影響。」

因為我總是在說一些喪氣話，被疏遠也是理所當然。

雖然因為朋友的話語難過到淚流不止，但奇妙的是，我也就這麼認同了。

可是，我也不知道該如何是好。

從小我就充滿負面想法，因此很羨慕積極正向的人。但我無法像那樣生活。因為我認為自己是不幸的。

對人生絕望的我，某次看著身邊一位充滿正面思考的人，不禁好奇「為什麼他能那麼正向」，於是開始偷偷觀察對方。

一開始我只覺得「我和他是完全不同種人」。

然而，我漸漸開始後悔地覺得：「自己總是關注在壞事上，很虧啊……」

接著，我發覺「**我並不是不幸的。決定事物的好壞不是世間的標準或常識，**

而是『自己的看法』！」

一道曙光出現在我面前。

一直以來，我都把焦點放在自己的弱點或不好的地方，但也許這些短處也有好的一面。

雖然一直在失敗，但或許這也是成長的過程。

「試著來改變看待事情的方式吧！」

從那時起，我透過模仿正向人的思考方式和閱讀書籍，獲得了許多嶄新的想法。

例如，以前若發生了討厭的事，我會感嘆自己的不幸，並向朋友發牢騷，但現在我會先想到「學到了一課！」就算是逞能，也改變了思考方式，讓自己看起來更正向。

一開始我沒辦法馬上做到，但仍持續一點一滴在改變思考方式。

四年過去了，現在的我做著喜歡的工作，也變得能只看向前方，積極前行。

因為我很特別所以才能轉變為積極心態嗎？

並非如此。我只是與「消極軟弱」的自我本質好好相處，並努力嘗試過著有自信又積極生活的「後天積極型」。

……是的。就跟想要改變自己，正在閱讀本書的你相同。

由於我真的超級負面，所以一直在拚命尋找積極開朗的生活方式。而現在，我想在這本書分享我所想出來的積極轉變法。

例子如下。

- 心無餘裕↓完美主義的努力家
- 與人比較就會失落↓可以發現他人優點的天才！
- 想說的話說不出口↓謹言慎行

我在家的時候也會說出：「搞砸了……但也學到了點東西，太好了！經驗值提升！」雖然在外頭不太好意思喊出來，但會小心不要讓負面事件最後成為負面事實。

像這樣，乍看之下雖是「弱點」，若可以把它轉變成「優點」，就會有很多好事。

例如：

- 就算在人際關係方面受傷，也能往前邁進
- 從工作的錯誤中學習
- 讓周遭的人開心有活力
- 給人開朗光明的印象，並得到伴侶的愛

並且，比起現在，你會變得更喜歡自己！

不用想的太複雜。請先翻閱內文吧。
只要大略翻看其中的項目，就可以在短短三秒鐘內輕鬆改變想法。
而且在讀完本書後，可以學習到不管何時或不管發生什麼事都可以自行轉換

的能力。

捨棄掉「像我這樣的人……」的想法，請試著相信自己吧。

擁有弱點的我們，會因為一點小事就難過、不安、哭泣。

但這樣也沒關係。以弱者之姿變強即可。

來吧，讓我們一起打開通往正向轉化的大門吧。

MAYU姐

目次

第二章 【馬上就消沉】受打擊的「現今」就是開始的起點

第三章 【討厭自己】正因為是缺點，才會成為魅力亮點

第四章 【不擅長交際】做自己是最優先項目！

第五章【戀情不順】不會帶來幸福的戀情，我可不想要！

第六章 【想活出自己的風格】人生永遠是從現在開始！

Special 正向轉換一覽

～用三種魔法，將所有事都轉化為正面～

MAYU姐是怎樣的人？

MAYU姐年表

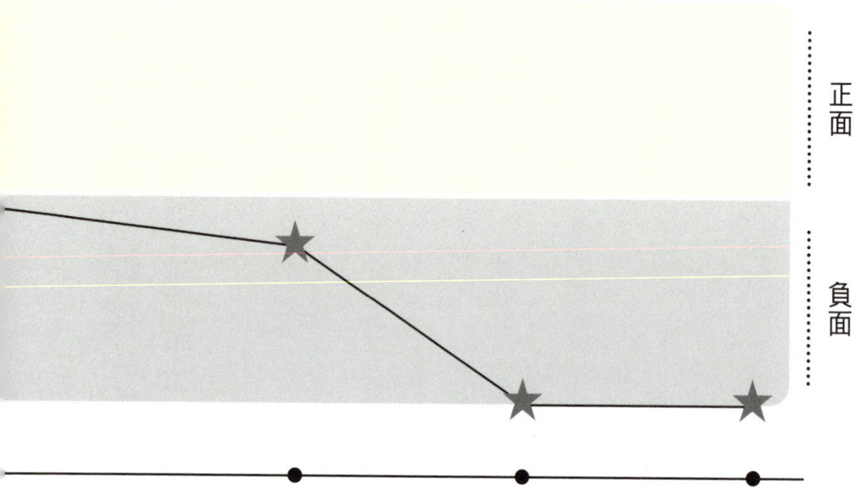

國中～高中時期

【暗黑期】

・因容貌焦慮煩惱／因為減肥導致身心崩壞／因為很宅交不到朋友只好窩在家。

大學生時代

【窮學生兼女公關期】

・因容貌焦慮更加自卑／打了很多分工，因犯錯次數很多被警告，不管做什麼都失敗收場。最後在六本木一家俱樂部工作／和道德騷擾男交往↓分手、和現任伴侶交往。

20～24歲

【創業失敗期】

・女公關畢業／把在俱樂部賺的錢拿去開美甲沙龍，但失敗了。最後關店。

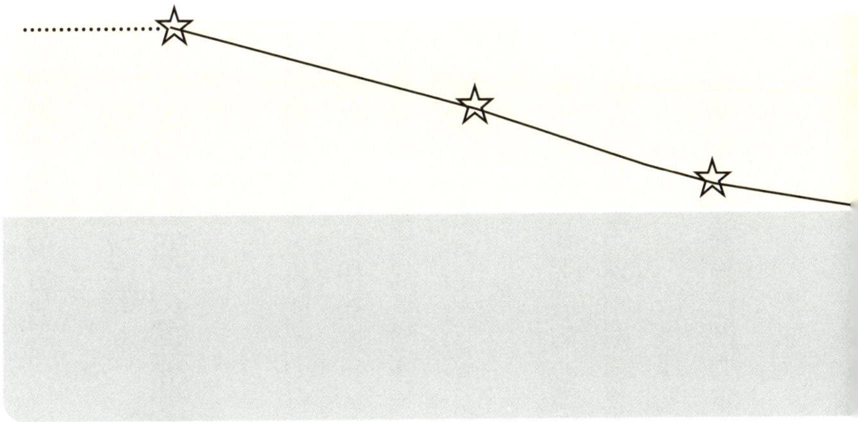

25歲

【鄉下修行→網路出道期】

・零存款。和之前的生活有一百八十度大轉變，搬到屋齡七十年的山中老房子，抱持著絕對要在YouTube成功的決心，每天都發布影片。開始面對自己的內在，閱讀書籍和研究人類心理及健康。

26～29歲

【MAYU姐誕生期】

・想拯救像過去自己的女性、有煩惱的女性、充滿自卑感的女性，以「MAYU姐」的名義開始活動。約在一年內，總追蹤數突破一百萬人。

現在

【成立公司時期】

・從多方面解決女性問題的過程中，發現以個人的方式能做的事有限，於是成立了公司／成立養成運動習慣，點亮生活「鍛鍊身體ippo」（ボディメイク部ippo）的線上社群。

討厭軟弱的自己

軟弱是才能。因為能努力變強。

從懂事以來，我就不太有自信。

因此，每天都掙扎度日。

如果從一開始就很堅強，我就不會付出努力，也學不會變堅強。

如此一來也不會思考變正向的方法，不會去閱讀，更不會想深入理解人的內心吧。

我不會知道軟弱者的心情。

也不會發送心理相關訊息吧。

「正因為軟弱，所以掙扎並努力變強的經驗」是我的資產。

「我努力靠著自己的力量變更好」

這種想法本身，甚至是努力的過程，都逐漸讓我增加自信。
你或許也曾感嘆自己很軟弱。
或是也曾想過，若是正向積極的性格就不會有煩惱……
但正因為軟弱，才能努力。
你能做到的事情有很多。
軟弱是最強的才能。

雖然有時候會陷於負面思考……
但還是想要帶著自信與笑容活下去！
接受軟弱自己的同時，也希望能變得更堅強！
本書推薦給有這些想法的人。
那麼，從今天開始，
一起學習成為更正向的人吧♡

message

1

不管別人說什麼，

我都是最強的♡

1 章

【對外表沒自信】把自卑感當成跳板吧！

01

因外表受到傷害

正因為如此，自己才不會無端批評他人！

我在國中的時候，曾因為別人說的一句話而罹患厭食症。

那一句嘲笑的話語是：「妳太胖了吧？」

或許有人會驚訝「就因為這樣？」

但是青春期正是感受到體型變化的時刻，對於敏感又容易受影響的我來說，這番話足以讓我精神崩潰。

掉髮、停經、身體經常不自主顫抖、在學校暈倒、罹患厭食症……，正因為有這樣的經驗，我決定絕對不去批評他人的體型或外貌。

若是沒有當時的傷痛，就不會有現在的我吧。

現在的我最不想成為的，就是會隨意批評他人外表的人。

1

【對外表沒自信】
把自卑感當成跳板吧！

我很慶幸走過了那段艱難的日子。

而且，如果有人當面對你展現惡意，我認為百分之百是他的內心有問題而不是你。

請試著想像一下。

如果有個「可以毫不在意傷害他人」的人對你有好感……光只是想像就會想逃跑吧。

如何？想必會感到鬆一口氣地想「不是那種人喜歡的對象真是太好了！」對吧？說到底，畢竟是對方的性格惡劣！

請不要忘記「會隨便評斷他人容貌的人才奇怪」。

比起那些人無聊的話，請將我的話銘記在心。

你很可愛。

不論是怎樣的你都很可愛。

我最喜歡你了。

02

對容貌體態沒自信

自卑感反而是武器♡

高中時由於受到國中時期的反作用，我罹患了暴食症。

我急速變胖，因為體型而開始在意起周圍人的目光。

我的身高很高，所以也經常有人說我「好大隻」，當時的我想「因為我很大隻，要盡可能不影響到周邊的人」而有了駝背的習慣。

然而，只要試著脫離那個狹小的世界就會明白，我並不會「因為很大隻而影響他人」，而且**「那不是我的錯」**。

純粹只是周遭是否有人在取笑我而已。

那時的我只想著「隱藏」身高，但當我鼓起勇氣挺起胸膛、穿上高跟鞋，不可思議的是，我就不會再去在意那些事了。

相反地，說不定也有人因為身高矮而煩惱，但希望大家知道，也有許多人是像我這樣羨慕身高矮的人。

雖然外貌總是看起來比實際年齡大，但也有很多好處，像是會給人「看起來很可靠」「看起來很優雅」「值得信賴」等印象。

相反地，圓臉會給人開朗、看起來年輕的印象。

像這樣，你認為的自卑部分，其實有時卻能成為武器。

我是粗硬髮，但我常說：「頭髮粗硬代表年紀大了之後不用擔心髮量。」（笑）

你所有的容貌特徵都是很棒的個性。

03

不太會微笑

為了自己而笑就是大勝利！

我總是在社群網站呼籲各位追隨者「嘴角上揚！」

然後，我就會收到無數封這類的私訊及留言。

「我討厭自己的笑容。」

「有人說我笑起來很噁心。」

這樣的留言，我無法看作與自己無關。

因為，我曾經也很討厭自己的笑容。

我微笑時眼睛會瞇成一直線，曾被前男友說過：

「笑起來很醜。」

1

【對外表沒自信】
把自卑感當成跳板吧！

「好像童話故事中會出現的老爺爺喔。」

因為那時候的我不夠堅強到能夠反駁，只覺得「我的笑容很奇怪啊……」

因工作關係開始用社群軟體後，我也曾經想過「我很抗拒露臉，更不能出現笑容……」

事實上，最一開始上傳的影片中，我的身體始終一動也不動，是完全沒有笑容的面無表情。

然而，開始在鄉下生活（第一一二頁），並在網路上展現如上半身抽搐般大笑的樣子後，我收到了「妳的笑容讓我心情變好」的留言，於是我改變了想法。

我想著：

「雖然我對自己的笑容沒自信，但若是可以讓人幸福，那就笑吧！」

在大家面前露出笑容時，也能建構良好的人際關係，最重要的是增加了開心的時間。

現在我的想法更不一樣了，我認為要「為了自己而笑」。

我想強調這點，

「大家的笑容是最可愛的！」

我是這麼想的。

或許會有白目的人說你「笑起來很醜～」（但話出這種話的人才是最奇怪的），實際與各位接觸後就會知道，大家的笑容是最棒的。

不管你怎麼看待自己的笑容，只要記住「微笑會讓自己跟身邊的人幸福」就好。

是的，笑容是最強的。

那麼，請為了自己而笑。

因為你的笑容是最可愛的♡

04

話說其實我是醜女

潛能之力。

我過去因覺得自己很醜而感到自卑。

我並不想這樣。

因為有被身邊的人說很醜的經驗，所以在別人開口前我會先貶低自己，以保護自己的心靈。

我展開了名為自虐的防護線。

但當這成為一種習慣後，我就逐漸把「醜」當作放棄某件事的藉口。

例如：

「因為很醜所以無法做。」

「因為很醜所以放棄。」

「因為很醜所以努力是白費力氣。」
意識到這點後，我跟自己約定「不要把醜當藉口，禁止說醜！」
老實說，我也打破過這個約定。
即使如此，能夠意識到「不要自虐！」本身就是很重要的。

其實不存在「很醜的人」。
被「因為很醜」的詛咒困住，心靈才會開始變得醜陋。
而且，絕對沒有「因為長得醜所以努力是沒意義的」這種事。
請不要扼殺自己的可能性。
正因為自卑，才能夠比別人更努力。
不管是外貌或內在都一樣。
自卑也是種潛能。
成長吧！
讓自卑變成野心，擴大自己的可能性吧！

05

就算很努力也無法變美

自信來自「努力本身」而不是結果。

即使努力磨練自己，但無法產生如心中所想的結果就會感到沮喪吧。

例如在社交軟體上看到可愛的裝容或髮型想模仿，卻不如想像中順利……

努力鍛鍊也無法練成理想的體態……

我也有過像這樣悲觀的時期。

但我沒有放棄。

因為我果然還是想以「史上最可愛的自己」為目標……

因為想變得喜歡自己！

因為不放棄持續努力，這分「努力」就帶給了我自信。

「我已經做了所有能做的事！」這個過程讓我變得有自信。

老實說我還是有些自卑。

我依舊有不喜歡自己的地方。

但我會逐漸變得能想成是：「我很努力，那樣的我是最美的！」

自信存在於「努力本身」，努力的姿態很吸引人！

因此請相信這樣的自己前進吧。

即便無法成為理想的自己，你仍可以保持自信。

只要保持自信就好！

此外，如果注意到不適合自己的髮型或造型、減肥法等等，這其實是變美的大好機會。

「穿素色不好看代表適合穿黑色？」

「喇叭裙不適合就穿窄裙？」

「如果不適合鍛鍊肌肉，那要不要來試試看皮拉提斯呢？」

像這樣享受吧。

比起「反正我做不到」而放棄，不如尋找不會放棄的方法。

知道了不適合自己的東西，就能找到適合自己的。
能知道這些真是太好了！
這是變美的絕佳機會！

06

外貌被批評

只以「自己喜歡」為目標？

我曾經因為外貌被批評而受傷，但現在就算每天都看到批評外表的留言也不會消沉。

過去與現在究竟有什麼差別呢？

以前的我很認真地接受了他人對美的評價標準。

當被說「再瘦一點？」會想著「必須要瘦」；當被說「臉很大」就會想「去整形」。

被說「瀏海長一點比較好」就會留長；被說「這個服裝比較好」就會……

不知不覺間，我變得不知道「理想中的自己」到底是怎樣了。

然而，透過社群網站成為不特定多數人的評價對象後，我每天都會收到「瀏海長一點比較適合妳」「喜歡妳瀏海短一點」「今天的妝真好看」「今天的妝真醜」等等各種各樣的評論。

然後我就會想：

「啊，這只是喜好問題吧！」（笑）。

我花了不少時間才察覺到這樣簡單的事。

正因為有這樣的經驗，我才能大聲說出這些話。

令人驚訝的是每個人都有各自不同的喜好！

要想符合每個人的想法是沒完沒了的！

如果無法停止迎合他人，為什麼不試著迎合自己的喜好呢？

是的，讓自己開心才最重要。

即使別人說「自然一點比較好」，但若是喜歡優雅的自己，那就那樣做。

在喜歡的日子裡隨性做自己就好。

像這樣以**「現在的我是否感到舒適自在」**為最優先後，就算被別人批評外貌也不會受到傷害。

我曾經因為他人的言論而罹患飲食障礙症。

每個人都有不同的喜好，就算是自己的喜好也是每天都在變。

既然如此，就以自己當天的喜好為目標就好。

就算被其他人說了些什麼，就以「這樣做我會比較開心♡」這種可愛的方式回應就好。

堅持自己喜好的人很有魅力。

周圍的人會被這股力量折服，最終什麼話都說不出來唷♡

07

明明想減肥但體重降不下來

比起瘦身，追求幸福也ＯＫ～♪

大約在十五歲～二十五歲左右的時候，約有十年的時間，我誤以為「減重會讓我變瘦又變美」。

話說為什麼我們想變美呢？

因為想變幸福？

那麼，變瘦後就能變美又變幸福嗎？

要是變瘦卻顯得老態龍鍾呢？

會不會變得容易感到疲憊？

會不會累積了壓力而變得總是焦躁不已？

這樣真的是幸福嗎？

進入青春期後，我體重最輕的時期是國中，也是罹患厭食症的時期。
當時我的身高是一百六十公分，體重三十公斤。
那時的我有嚴重的落髮問題，一眼就能看出我的頭髮很稀疏。
當時同學都穿著短袖，只有我穿著針織開襟外套，身體顫抖不止，被他人用奇怪的眼光打量，成績也因頭腦不靈光而下滑。
每到假日也提不起勁，只能躺在床上，對喜歡的偶像也失去興趣，滿腦子想的都是體重。
我總是很焦慮，並把氣出在家人身上。
如何呢？
看起來幸福嗎？
雖然是有些極端的例子，但克服了進食障礙後，「體重的詛咒」卻跟隨了我很長一段時間。
我認為不只是我，許多女性都被這個「詛咒」束縛著。

另外，在二十幾歲時，我沉迷於「極端限制飲食後爆吃」的循環，結果產生了急劇的老化。

事實上，停止不運動又過度限制飲食的減肥後，我的體重一直起伏不定，也加速了老化。

話說，只靠節食不運動，減下來的不只是脂肪，肌肉量也會減少，結果只會造成老化。

由此可知，以「只是減少體重」為目的是很危險的。目的應該是「變美，變幸福」。

問問自己：「這是會變幸福的行動嗎？」

終點是幸福。

只要幸福就好。

08

要大吃一頓

好的！攝取營養！

首先，會暴飲暴食單純是因為平日攝取的營養不足，並不是因為意志薄弱。

一旦營養不足，身體就會變成飢餓狀態，因為會發出「想要食物！」的指令，理所當然食慾會爆發。

因為只是補充不足的營養，不用感到自責，只要想著「獲得了很多營養♡」就好。

那麼，要從根本解決暴飲暴食的問題，就要從平常的飲食攝取營養。

但你或許會想：「吃太多不會變胖嗎？」

我敢斷言，飲食不平衡才容易變胖。

首先，先解開「吃了就會胖」的詛咒吧。

因為多年來，我也一直以為「吃了就會胖」，在減肥方面吃了很多苦。

但是，理解身體構造後，我發現這是個天大的誤會。

過度的飲食限制雖然能讓體重降低，但由於代謝降低，就會變成容易發胖的體質。

特別是最近流行的限醣飲食。

在我最失敗的減重方式中，其中一個就是限制醣類。

一旦停止攝取醣類，身體就會分解肌肉轉換成能量。

也就是說，體內的肌肉量就會減少。

如果持續下去會變成怎樣呢？

臉色會變得黯淡無光、肌肉下垂，因為沒有肌肉可以支撐所以姿勢會變差，身體疲憊不堪，會變成像這樣悲傷的結果。

當然，也有人是因為醣類不足以外的原因，但不吃米食而耗盡醣類、改吃甜點零食的人也大有人在。

我再說一次，這並不是你的錯，是飲食的品質有問題而已。

我很喜歡甜食，偶爾會吃一點，但現在只要吃一點點就能滿足了。

這並不是因為我意志堅定，而是因為在進食時會好好吃下醣類（主要是白米・糙米）。

在進行限醣飲食時，只要吃了一口甜食，就會像水衝破堤防一樣停不下來，讓我感到自我厭惡，但在改善飲食後就再也沒有發生這種情況了。

每個人一天要攝取的能量因人而異，但據說「成人女性一天約要攝取一千八百卡路里」。

如果攝取的卡路里比這些還少，但體重卻上升，這可能單純是活動量太低，或吃下太多脂肪含量高的食物等等，比起食物的量或許「品質」才是問題。

丟掉「吃了就會胖」的心理障礙吧。

請不要再苛責自己了。

09

無法持續運動

實際上是堅毅、勤奮的人♡

我有在經營線上社群「鍛鍊身體ippo」（ボディメイク部ippo），專為給想養成運動習慣的人。

在剛開始經營社群時，我們募集了兩百位以上、煩惱著「無法持續運動」的人的意見。

統計後的結果顯示，大多無法持續運動的原因是「為了在短時間內取得結果而太努力」。

如果能夠持續運動，哪怕只有一點也很棒，但以前不太運動卻會想著「要做就做好，或是不做」的人，卻會訂下「每天跑步一小時！」這種太高的目標，把自己逼得太緊。

這樣理所當然會遭遇挫折。

其實，無法持續運動的人，大多都是認真、堅毅的人。

我以前也是認為「要做劇烈運動！不把自己逼到極限是不會有成果的」。每天把自己弄得筋疲力盡，邊哭邊跑步……

但是這樣的強度，只會累積壓力，也無法持續下去。

既然如此，就要想出不會累積壓力，可以將運動化為習慣的對策。

這麼一來，就不再會那麼痛苦。

我現在已經停止做些會累積過多壓力的運動，而是會：

- 在自己經營的社群每週做一～二次皮拉提斯。
- 使用手機計步器，盡可能一天走五千～七千步。
- 在不出門的日子裡，邊看喜歡的影片邊踩踏步機。

透過這些方法，我的身形變得比以前更好，也讓我擺脫了「偷懶就會變胖」的想法。

結果，我的內心變得從容，對運動也產生了正面的印象，現在可以在不產生壓力下持續運動。

你也要找到適合自己的方法，做出讓身心獲得幸福的選擇。

運動很重要。

但也不能盲目行動，傷害到自己。

盡情享受就好。

讓我們一起來享受樂趣吧！

10

三分鐘熱度

發現了不適合自己的方式！

三分鐘熱度的問題不一定是在自己身上。

比起懷疑自己的意志力，不如思考看看那樣的方式適不適合你。

例如減肥。

我過去失敗過無數次。

過度限制飲食、不攝取醣類、非得到很餓才進食、間歇性斷食、只吃點心、每天進行超出負荷的訓練、每日連續跑三十分鐘、去健身房……等等，我試過很多方法，但都無法持續一個月以上。

我不禁懷疑，難不成無法持續下去是因為我的意志薄弱？

並非如此。

單純只是方法錯了而已。

當時，我沒有去嘗試尋找適合自己的方法，而是被網路上可信度低的資訊影響，每次被影響時，就會厭惡做不到的自己……

沒有人能夠持續這樣的生活。

有人能透過每天跑步來消除壓力，也有人能透過上健身房鍛鍊出理想體型。

但是，並不是每個人都適用這些方法。

不要輕視「過度緊張」和「身心狀態不明」的感覺。

你是否做出了超出身體負荷的訓練，導致就算數值上升體脂肪下降，卻還是備感壓力？

壓力也有程度之分。

壓力等級上升，自律神經就會紊亂造成身體崩壞，結果就是對無法持續下去的自己產生自我厭惡。

正因為我到目前為止經歷過許多「太痛苦無法持續的減重」的失敗，才更加重視「能持續一輩子的減壓、體態調整方法」。

減重變成壓力的人，先想想這個方法是否適合自己吧。

可以運動的場所很多，例如家裡、健身房、戶外等等。

另外也有各種各樣的運動可以做，像是重訓、皮拉提斯、慢跑等等。

「鍛鍊身體ippo」（ボディメイク部ippo）每週會舉辦一次線上皮拉提斯課程，來讓各位養成運動習慣，而我也收到了來自學員如下的感想：

「無法用自己的方法持續運動，但在這裡就可以持續下去。」

「為了要去健身房累積了很多壓力，但在家中就可以持續運動下去。」

學業、工作等等全都是如此。

不限於減重，「三分鐘熱度」並非只是意志強弱的問題。

在責備自己前，請先思考以下問題：

- 方法適不適合自己？
- 場所適不適合自己？

最後則是擺脫三分鐘熱度的建議：

・寫在行事曆中，空出時間！
・製作「每日待辦事項與檢測清單」，做完就畫線！
只要這樣就可以從三分鐘熱度畢業！

11

年紀增長很可怕

年齡是我獲得的經驗值。

以前，我曾被交往過的道德騷擾男說過：「女性超過三十歲就沒價值了。」雖然現在回想起來他說的話很幼稚，但對二十歲的我來說，年紀增加就像是很糟糕的事一樣。

可是，我現在年紀即將邁入三字頭，卻越來越期待年紀的增長。

因為比起十幾或二十幾歲，我更喜歡現在的自己。

踏過痛苦的經驗及煩惱，累積了快樂與成功的體驗後，我變得比以前更相信自己了。

而且這會一年比一年強大。

現在我有幾位「想成為這樣的人」的憧憬對象，而且他們的年紀都比我大。

我總是以「想追上那個人的經驗值！」為動力。

隨著年齡增長，你也將變成被人羨慕的對象，擁有的經驗是年輕一輩難以追上的。

「雖然年紀會逐漸增長，但經驗值也會跟著上升吧？」

「非常期待！」

我是這麼想的。

我們每天都有許多體驗，運用腦袋、磨練自身，確保自己在進步。

年齡就是經驗值。

年復一年，我都希望可以為「等級上升」而感到自豪。

12

覺得自己有點老

值得去恢復！

如先前所述，我在二十幾歲時，因嘗試激進的減重法，外表看起來很衰老。在社群平台上露臉時，被無數人說過「老」「歐巴桑」等等。

但我沒有因此悲觀，只想著「原來如此，來找找看老化的原因吧」，將之轉化為「我很幸運能夠意識到這點，我絕對能恢復！」的鬥志，很早就開始抗老。

現在，各位讀到這裡時是否會想著「但我已經不年輕，來不及了……」

實際上，當我與五十多歲的熟人分享運動與美容資訊，對方都生氣蓬勃地說著：「看起來變年輕很開心！」

不管幾歲都可以讓身心重返年輕！

每天都是最年輕的自己。
一定要從現在開始回復。

接下來要介紹我自己在執行的抗老照護清單。
若各位有興趣，就算是一項也好，請試著執行看看。

- 採行不容易老化的飲食法（以日本料理為主。為了防止血糖急劇變化請好好吃三餐）
- 多吃富含維生素C、維生素E和抗氧化劑的食物（請多攝取鮭魚、酪梨、黃綠色蔬菜、杏仁、花椰菜、奇異果、紅甜椒、藍莓等等）
- 養成一週進行一次皮拉提斯的運動習慣（為了穩住姿勢要鍛鍊深層肌肉，從姿勢讓你看起來更年輕）
- 求助醫學美容（定期打肉毒預防皺紋、高周波拉提改善下垂）

以這種方式享受抗老照護吧！

Column

1 被下了「容貌焦慮」的詛咒

我從小就對容貌很執著。

小學時，我因為膚色被嘲笑，就算在夏天也穿長袖長褲，結果曾經因此昏倒過。我一直深信著「要保持貌美」「不完美是不行的」等等。

國中時因被說「妳變胖了？」而開始拒絕進食，但卻因此在高中時復胖。因為這個緣故，我認為自己長相醜陋，於是不太跟朋友出去玩。雖然我努力裝出開朗的樣子，但實際上有著無法告訴他人的自卑情結。

對他人的話語太敏感是我的錯嗎……？**並非如此，我只是很努力在活著**（因為去東京讀大學，環境產生變化，變得願意出來活動，但容貌焦慮的詛咒沒那麼簡單解除……）。

2 章

【馬上就消沉】受打擊的「現今」就是開始的起點

13

因為一點小事就消沉

來吧，現在就是吃好料的時間。

「如果情緒低落，是內心有問題。」

「有這麼悲觀想法的我是不行的。」

我以前是這麼看待自己的，但現今，當我心情低落，會先思考身體的狀況。

「最近有運動嗎？」

「有好好吃東西嗎？」

「有睡覺嗎？」

我會像這樣問自己這些問題。

然後嘗試改善運動、攝取營養、睡眠等生活習慣。

其實，處在忙碌時期時，我曾有好幾次疏忽了飲食跟運動，造成身心紊亂。

②

【馬上就消沉】
受打擊的「現今」就是開始的起點

出狀況的信號有各種各樣，像是早上很難起床、沒幹勁、不快樂、肩膀比平常更僵硬、呼吸淺、吃飽飯後想睡、不喝咖啡就沒精神……等等。

這種時候，不管多想努力投入，都提不起勁來。

果然人類不能不吃東西！

光動腦不動身體是不行的！

總之先進食再說！

我是這麼想的。

現在我決定

「如果用腦過度，就要用運動來回復精神」

「若心情變差，就是好好吃一頓的時間！」

如果經常感到沮喪、容易疲累、提不出幹勁，說不定是因為營養不足。

回答「我有吃飯喔～」的人，是不是透過甜點、麵包來攝取營養呢？

有均衡飲食嗎？

不管吃了多少，都是吃些沒營養的食物，當然會營養不足。

別想著「心情低落=心靈殘破不堪」，請試著好好吃飯、運動，冷靜應對吧。

那麼，連這點也做不到時該怎麼辦呢？
這時候就先睡覺！
總之先睡覺就對了！
大家可以理解**「休息是必須的」**吧。

其他像是，駝著背一整天坐在辦公桌前、一直滑手機的人也要注意！

我從皮拉提斯的老師那裡學到，駝背會壓迫橫隔膜，造成自律神經紊亂。
最後，連想法也會越來越負面……
姿勢也可能會造成問題。
情緒低落不一定是心理因素造成的。
從現在開始，在自責前請找出問題的起因跟應對方法。
追求健康是自愛的行為。
當個身體跟心靈都美麗又健康的人吧！

14

自我肯定感低

向上心妖怪。

「自我肯定感低」換句話說就是對現狀不滿。

「要更往上爬不可。」

「想做得更好卻辦不到。無法原諒這樣的自己。」

這是向上心妖怪吧！

因為覺得「現在這樣就好」的人，是不會這樣苛責自己的。

能隨心所欲生活。

自我肯定感低的人，其實是在內心深處相信「不該是這樣的」不是嗎？

理想太高，想著「我應該能做更多」……

我認為那可是很棒的才能！

然而，

・拒絕接受現狀

・自尊不允許承認自己做不到，而且要從最底層開始往上爬

在這種狀態下，像你這樣「客觀看待自己的能力很高」，我認為不管過多久都不會寬待自己。

因為你很聰明，肯定會意識到自己的狡猾之處。

我在二十歲出頭時也是這種類型。

自尊心很高，但卻不敢努力，最後總是逃之夭夭。

意識到自己是這種人後，自我肯定感就會變低。

就算是欺騙自己，內心隱藏的向上心也不會消失。

有一個解決方法。

就是放下不必要的自尊，只從能做到的事開始。

自我肯定感低是一種潛能。

可以感受到自己的可能性！

②

【馬上就消沉】

受打擊的「現今」就是開始的起點

你已經得到答案了吧？
從今天開始努力填補理想與現實的差距吧。
一開始不順利是理所當然的。
被嘲笑也沒關係。
依照自己喜歡的方式行動就好。
現在試著踏出一小步吧！

15

在意周遭人的想法

或許那個人現在正想著「要吃什麼好呢」。

你平時最常想到誰呢？

有些人會先想到戀人或朋友，但我認為多數人會先想到自己。

像是今天的肌膚狀況、今天吃了些什麼、肩頸問題、錢包裡有多少錢、反思自己說過的話……

試著想一下後就會發現，你的腦中都是自己的事，其他人也是，腦海裡也都是想著自己的吧？

因此，其他人並沒有太在意你，對你也沒有多餘的想法。

與你交談完後，就會切換思考，開始想著「今天晚餐要吃些什麼呢」。

在你想著「對於我剛才的發言，他的想法如何」的同時，對方已經在思考今天要吃什麼。

所以沒有必要進行「反省會」。

「他人並沒有如你想的這麼在意你。」

什——麼啊，原來根本不須要害怕！

「大家都在努力過著自己的人生，不用太在意也沒關係～！」

只要這麼想就好。

16

因為情緒不穩而消沉

我是個有~趣的女人！

突然心情變差，一點小事就煩躁不已……

陷在了「到底哪個才是真實的我？」的情緒漩渦中。

好幾年前，我曾被自己的情緒牽著鼻子走，「一天的好壞都是依據早上起床後自己的心情而定」。

最近，我開始過著規律生活後，雖然已經比之前好很多，但還是會有「情緒波動」。我經常會問自己：「到剛才為止心情都不錯的，但現在感覺很糟，我是怎麼了？」

像這樣受「情緒波動」影響的人應該很多吧？

仔細想想是理所當然的。

2

【馬上就消沉】
受打擊的「現今」就是開始的起點

因為我們無可抗拒地背負著平衡荷爾蒙的十字架在戰鬥。
如果可以拿下十字架，老早就取下了。
但我們還是努力背負著。
啊～我們多麼偉大啊！
女生複雜的內心，連自己都不能預測是理所當然的！
雖然很緩慢，但我會盡可能保持內心安定……有時則會想著，乾脆來享受名為「我」的雲霄飛車吧？
心情不管是高漲還是低落，全部都是真實的我。
我不認為哪一種比較好或差。
相反地，擁有「許多感情」是充滿活力和能量的人。
在平坦的道路上固定速度行駛，肯定會讓我們覺得無聊。
正因為這個吸引力有些麻煩，才會如此有趣。
那麼，從今天開始，何不享受各種各樣的「我」呢？
感受著**「這樣的我，真不錯」**，並原諒自己，GO！

17

不喜歡與人見面

貼心力量之鬼。

「跟人碰面」會感到疲憊的人，或許通常都處於「過度緊張」的狀態。

例如從小就會觀察大人的臉色，或從小就有不愉快經驗的人，都會過度啟動感應器來解讀周圍的氣氛。

這樣的人長大成人後，會更加認為「身為大人要做得更好」，經常處於提心吊膽的狀態……

尤其是在他人面前，那股力量會更強烈，所以獨處時會感到筋疲力盡、動彈不得。

「為什麼只有我這麼累呢？」

「明明想要更努力卻努力不起來。」

會像這樣陷入低潮。

但請等一下。

那分疲憊感，是在不知不覺間努力到極限的證明吧？

其實我本來也是容易感到疲勞的類型。

雖然現在已經改善很多，但以前跟不太熟的人見面，或做不擅長的事後，容易精疲力盡、身體狀況變差，這些都是家常便飯。

因為甚至會影響到之後的行程，在煩惱不已下，我求助了唯一能體諒我的朋友。

「為什麼只有我這麼容易疲憊？」

「跟人見面會覺得累不是很失禮嗎？」

那時好友說的話，我到現在都記得：

「從好的方面來說，因為妳是一個很貼心的人，為了與對方共度美好時光總是拚盡全力。妳比自己意識到的還要努力，所以當然會累，這一點也不失禮！」

「原來是這樣，原來我很努力了。」

我現在變得能夠這樣想都是因為這句話拯救了我。

因此我也想把這個想法告訴你。

你總是竭盡所能，讓腦袋及感應器全速運轉。

注意著「這樣會對對方失禮嗎」「對方是否愉快」。

想著「在此時此刻最大限度為對方空出時間」。

可說是貼心力量之鬼。

這也是你的一種魅力。

18

被逼著「必須振作起來」

只用六成的力量，展現出比擬他人的全力。

「要振作一點！」

「我已經不行了！做不到！」

這樣想的你，是非常努力的人。

如此勤奮的你，我認為要稍微放鬆一下比較好。

其實我也是「必須以一二〇%的力量去面對一切才自在」的類型。

但是，對所有事都注入一二〇%的心力，就會失去對周遭事物的觀察，瞬間變成燃燒殆盡症候群，反而會朝向不好的方向前進。

因此，我現在意識到，就好的意義來說，「用六成的力量去做」就好。

當然，現在我仍然會將精力放在對我來說重要的事情上，但會適可而止。

例如剪輯影片。

我雖然可以透過剪輯讓影片變得更有趣，但不會太在意細節，以能每天發布影片為主。

這樣才能長久持續下去。

維持體態也一樣。

若是太過努力導致一個月後就倦怠，這樣努力就都白費了。

人生是場長跑。

為了能跑得更遠，有計畫的配速很重要。

就連專業的馬拉松選手也不能欠缺水分補給。

總是全力以赴的你，只要留意用「六成的力量」就沒問題！

19

無法克服不擅長的事

正因為不擅長才能下工夫。

我認為「不擅長的事不做也無妨！」

因為比起不拿手的事，加強既有的技能不管是幸福度或成果都比較好。

其實人類這種生物有被「不穩定事物」吸引的特性，不安定的人會讓他人覺得有魅力。

「不擅長的事就是不擅長」，只要這樣想就好。

但也不是所有不擅長的事都可以迴避。

這麼說可能令人意外，但我其實不太擅長在人群面前說話。

我原本就不是引人注目的個性，一旦被他人關注就會想逃跑。

即便如此，若有演講或採訪邀約，我還是會應邀。

結束工作後，客戶大多會稱讚我：「妳很擅長在人群面前說話呢。」

這完全是謬讚。因為光是想到要在大家面前說話，我甚至會想跑到廁所躲起來（笑）。

那麼，為什麼我會被認為很「擅長」說話呢？

那正是因為我意識到不擅長，所以會做好事前準備。

我是「劇本魔人」，不論是參加活動還是會議等重要場合前，會事先寫下想講的話。

我也會在發表演說前寫下想說的話並加以整理。

我也會事先詢問有哪些問題，並跟對方說：「我不擅長在人群面前說話，所以希望能事先準備。」同時會事先與對方分享資料。

這是在會議或討論會前必須要做的事。

我會告訴對方：「若是在會議上直接問我意見，我的回答可能無法盡善盡美，因此想請您事先以文字的方式提供想詢問的問題。」確保能做好事前準備。

結果，我得到了「論述清楚明瞭」「對話過程很流暢」的稱讚。

這是很不擅長說話的我，努力得出的成果。

其他還有因為不擅長記事，會做很多筆記；因為不擅長時間管理，會定很多鬧鐘。

當然就算做了筆記，也還是會有忘記的時候，這時我就會想「對於不擅長的事，我已經做我能做的了，就這樣吧♪」

有不擅長的事代表有努力的空間。

你可以想出那些不瞭解自身弱點的人所想不到的方法。

無法迴避掉的困難，也能成為意想不到的成長機會。

20

想起失態的自己就感到厭惡

覺得「那時候不成熟的我真是可愛呢～♡」

「要是沒說那些話就好，真是太失敗了。」

「對方會怎麼想呢？」

我會像這樣不斷反省過去的失敗、失言、失態……

你曾做過類似的事嗎？

我在二十歲出頭時，會因煩惱過去的失態而深陷自我厭惡的情緒中。

「要是當時沒這麼說……啊啊，一定被討厭了……」

這稱為「反芻思考」，而其實這樣的思考方式很危險。

因為這種思考方式會生出內疚感，不禁會讓人想著：「這樣的我能獲得幸福嗎？」並開始排斥社交。

即便下定決心「不再去回想這些事」，但討厭的回憶還是會浮現出來。

所以我決定「改變回想的方式」。方法很簡單。

每當想起過去的失誤，我就會以「母親的心情」，從「我小時候真可愛~真年輕~」的角度回顧過去的自己。

因為如果能將過去事件視為「失誤」，就代表現今的自己已經比當時的自己成長許多。

因此，只要用宛如看著小孩的眼光，看著記憶中不成熟的自己，想著「那時的我真是年輕啊」就好。

如此一來，不管什麼失誤，都能夠想成是：「還真是不成熟啊，真可愛。」然後就能發現自身的成長並感到喜悅。

太好了~成長了~！

21

感到孤獨

孤獨是自由。正因為是一個人所以能夠盡情享受！

「孤獨」換句話說就是「自由」吧？

回顧過去，高中的宅女時期是我最自由的時候，那時的我與他人格格不入、被孤立、也沒有朋友或戀人。

當周遭的人都在享受放學後的約會、和朋友出去玩，參加粉絲應援活動是唯一能讓我堅持下去的東西。

我會一個人搭夜間巴士、造訪演唱會場地附近的觀光景點，而且可以通宵看偶像的影片不會被其他人阻止。

那時的我是最放鬆的時候，什麼都不用煩惱，可以盡情享受嗜好。

到頭來，當不是孤獨一個人，大家卻又都會想著：「一個人的時候能玩得更自由。」

例如像是：

「結婚後就不能隨意出門。」

「很難跟好友聚會。」

等狀況。

根據當時的狀況，一定會出現其他的煩惱。

那麼，現在正是時候謳歌因為孤獨才能做某些事。

趁現在開始享受吧。當某天不感到孤單，就無法自在做自己想做的事了。

這可不限定只有粉絲應援活動唷。這是學習新事物或玩樂的機會。

現在，你不用顧慮他人，是究極的自由之身！

這麼做的期間，某天或許就能結交到有相同興趣的朋友、認識新的人。

一起來享受孤獨吧！

Column

2 在不適合自己的環境中要提升自我肯定感非常困難

成為大學生後，我嘗試過各種各樣的打工，像是收銀員、餐廳服務生、雜誌社的助理等等。

但是，因為學習能力差，犯了太多錯誤總是被罵，總是失敗收場。

我想著「也許是我不正常」「我無法成大事」，即便如此，我還是無法不工作。我的目標是還清學貸、賺錢去做整形手術，藉此來擺脱容貌焦慮，因此我下定決心去當女公關。

那裡自然是一個重視外貌的世界。

或許是我自作自受，這麼做讓我的容貌焦慮變得更加嚴重，剛開始每天都以淚洗面。

心靈狀況也深受當時的環境左右。

我做了會讓自己痛苦的選擇。

儘管如此，當時的我仍深信「我只能這樣做」，試圖擺脫現況。

我也害怕再找其他打工、害怕受傷、害怕面對現實。

但我只是在逃避現實。

我清楚知道內心在想些什麼，所以無法停止否定自己。

透過夜晚的工作，我當然學到了很多東西，至今也不會後悔。

最後，我學習了心理學及溝通學，認真工作，取得了業績第一。

但是，我也確實無法在這個地方培養自我肯定感。

果然在不適合自己的環境中是無法提升自我肯定感的。

閱讀本書的你，不該逃避面對自己，請尋找適合自己心靈的環境。那可能會讓你的人生好轉，就像變了個人似的。

3 章

【討厭自己】正因為是缺點，才會成為魅力亮點

22

討厭太過敏感的自己

高敏感人比其他人有更高的「察覺」能力。已經是超能力了！

我從小就非常敏感。

我會因為別人不經意的話而傷心不已；會因為大人的情緒變化讓我身體不適，即便是瑣事也可能讓我淚流不止；因為擔心某件事而胃痛，甚至影響到日常生活。

小時候我常想：「我是不是有點異常？」

然而，這些特質並沒有隨著我的成長而消失，即使過了二十歲，我依然很在意他人的言行舉止，也能察覺他人的情緒變化或微妙的氣氛，我過於看重著這一切……

這些特質讓我倍感生活困難。

但當我發現自己是HSP（高度敏感的人，Highly Sensitive Person）之後，心情就輕鬆許多。

接著，我開始想著：

「原來是這樣，是我太在意了。那我就刻意來當個懶惰鬼吧！」

我盡量不去看會傷害自己的東西，沉浸在美妙的爵士樂中，並經常與大自然接觸。

如此一來，也就找到了保持內心穩定的方法。

然後，我也發現了自己高敏感的優點，亦即：

「正因為可以察覺到他人的情緒，才能夠做到更多的事。」

我變得能夠發現事物美好的一面。

如果你也是高敏感類型的人，表示你的察覺能力比別人更強。

我很想大聲說：「這是一種天賦！」

相反地，如果是擁有「鈍感力」的特質，不太會注意到小細節，那也是一種天賦。

請不要否定自己的特質。

23

只能忍耐

就算隨心所欲地生活也不會要了誰的命。

「就算別人對我胡言亂語，我也只是沉默地忍耐……」

這樣做是為了什麼呢？

為了不被人討厭？為了不與朋友產生嫌隙？

沒關係的。

就算被那種人討厭，也不會要了你的命。

若那個人是學校的同學，畢業之後就不會再見面。

若是同事，其實也不須要和對方打好關係，因為待在公司只是為了工作。

只要做好工作，就是完成了任務。

若是公司希望同事間在公司外能彼此更熟稔，那間公司肯定很奇怪。

不用和所有人打好關係喔。

如果公司或環境不適合你，換掉就好。

不管如何，一定會有需要你的地方。

那麼，對另一半或家人忍耐的人呢？

互相體貼當然很重要，但這是以互相為前提。

並不是只要其中一方去忍受。

我們都是成年人了，有權利說出我們討厭的事，說出不想做的事。

如果喜歡做家事就算了，要是不喜歡可以用機器代勞，例如用洗碗機跟烘乾機就好。

沒有人規定必須為對方做飯。

都是成年人了，若很在意就自己做。

打掃也同樣，很在意就自己做。

想洗澡的時候再洗澡。

做自己想做的事就好。

這樣不會要了誰的命。

為喜歡的東西付出熱忱。

除此之外的事物，應付一下就好。

過你想要的生活並不會讓誰活不下去。

24

容易受他人影響

也容易受到好的影響。

提到「容易受他人影響」這件事，雖然大多會認為是「受到壞影響」，實際上是「容易受到好影響和壞影響兩者」。

「高敏感的人，在好的環境下，會比感受性低的人更容易在精神面展現出良好的狀態」，因此可以知道他們也容易受到好的影響。

也就是說，感受性強的人，能因環境而進步。

我本身很敏感，很容易受到周遭人或環境的影響，所以常會被導往錯誤的方向。

我在高中時的外貌容易受人取笑，因為無法將討厭說出口，所以是扮演著被嘲笑的角色。

和道德騷擾男交往時，對方要我做什麼我都會做。

在歌舞俱樂部時瘋狂飲酒；第一次在YouTube上發影片時，容易被留言影響；全盤接收成功前輩的話，試圖模仿但失敗了，難以確認自己的定位。

但正因為我是如此敏感，也比他人更容易受到好的影響。

閱讀書籍後，我可以像是換了一個人般坦率地改變自己的想法。

接受教練指導後，能夠將學習到的新知識付諸實踐。

開始練習皮拉提斯後，日常生活也開始往健康的方向好轉。

敏感而纖細的人有著能夠根據周圍的人或環境做出極大改變的特質。

一定要注意周遭環境。

要記住，「人、居住環境、閱讀、聽音樂、飲食，全都會對自己產生或好或壞的影響」。

不管如何，請牢記周遭環境的重要性，不要讓會讓你感到不舒服的人事物靠近自己。

就算是微小的選擇，也要特別注意。
如此一來，你本來的優點就會綻放開來。
現在你是否處在讓你不舒服的環境或人事物中？
請試著稍微整理。
並讓自己身處在能帶給你良好影響的環境中。
沒問題的。
儘管總是隨波逐流，沒有自我意識，但你終究能夠確立自身的位置。

25

只在意自己做不到的事

大家其實都不太行，只是看不出來而已。

我最一開始是名美妝YouTuber（只維持幾個月後就停更了）。

當時的我想著：「因為是美妝相關頻道，我絕對不能在影片裡展示出自己不好的一面！」

為了不讓觀眾夢碎，只表現出美好的一面……但這只是個藉口，其實我很怕被他人取笑、輕視。

但要糊弄大家不容易，最後終究是落得「失敗」的下場。

因為真正的我覺得每天早起很麻煩，總是匆匆忙忙地梳妝打扮。

討厭洗澡，所以偶爾一、兩天才洗一次。

衣櫃不管整理多少次還是一團糟。

洗衣服的時候也想著：「距離上次洗衣服是隔了幾天？」

此時，我滑著ＩＧ看到了美麗女性梳著漂亮的髮型，享受著下午茶……

我絕望的想著：「為什麼只有我無法做到？」但後來我試著冷靜下來思考。

若我不想讓其他人看見自己不好的部分，那其他人不也是這種心態嗎？其實大家都「不太行」的吧。

因為大家在社群軟體上只會上傳化了妝的樣子，但洗完澡後，會在頭上纏一圈毛巾，戴著眼鏡，臉部看起來油光水亮的（笑）。

因為沒有勇氣展示出這樣的樣貌，所以不可避免地，只會讓人看到「那個人真是美麗又厲害」。

雖然用了「不太行」這樣的詞彙來表示，但其實沒有真正「不行」的事。

人類有「懶惰的權利」，何不這樣做呢？

我們沒有「任何事都要做到好的義務」。

墮落最棒！

是不是很人性化，充滿魅力！

也可以只專注在對自己來說重要的點上。
不必擔心「只有我很糟糕？」
人類都是「糟糕的」（笑）。

26

心無餘力

努力的完美主義者。

若最近感覺到內心沒有餘裕，並不是你的心胸太狹窄，也可能是沒有多餘的時間。

說不定你認為：

「沒有餘裕＝很努力」

「心有餘裕＝沒有努力」

這樣的你肯定是過於努力的完美主義者。

越是這樣想的人，只要刻意在行程表中「留白」，就能解放心靈。

我很不擅長「休息」。

如果不忙碌就覺得自己沒有很努力，所以行程總是排得滿滿的。

結果就變得很煩躁，面對親近的人時也會逐漸開始想著「要更努力」「為什麼現在在休息？」等等。

因此，我開始討厭起了這樣的自己。

「我也太心胸狹窄了吧！」

「感覺我好像總是在攻擊別人。」

當時，我在持續接受能活用在工作上的商業輔導中學到：

「珍惜留白的時間。留白能讓我們心情上更從容也更有思考能力」

所以我毅然決然特意空出更多自由時間。

起初，我對於無所事事感到不自在，但因為想知道「這樣做到底能不能放鬆」，所以還是姑且嘗試了。

結果，我很快就找回了真實的自己。

你並不是心胸狹窄的人，只是目前想做的事超出你的能力範圍而已。

太過努力的完美主義者，在不知不覺中會超出自己的界限。

只要意識到
「休息」
「放鬆」
「給自己多點時間」
「不要塞太多工作跟預定給自己」
就能立刻找回內心的從容。
從今天開始重視「留白」。
只要原諒自己，就能原諒任何人。

27

沒有自我軸心

隨時都在成長。

有人較之前改變很多時，一定會受到批評。

例如當我活躍於社群軟體，就會突然收到來自以前朋友的私訊，像是「跟以前完全不一樣呢（笑）」「以前明明是個精神不穩定的人」等等。

當我的社群軟體網路活動和內容改變，會有極少數的否定發言：「我比較喜歡以前的妳」「妳變了」「妳迷失自己的方向了」。

但我會想：

「當然會改變啊。因為我隨時都在成長♡」（笑）

這不是什麼壞事。

因為我們只是不斷在思考如何變得更好，繼續前進而已。

想法與一週前的不同又有什麼關係呢？

我每天都在想如何把工作做得更好，雖然這單純只是成長速度太快。我的伴侶也是這類型的人，如果有人聽到我們的對話，也許會無法明白為什麼每天說的話都不一樣。

人在成長過程中，想法及行為自然會改變。不如說沒改變才更可怕。

人類是不喜歡改變的生物，總是試圖保持不變，所以改變總是伴隨著批評。

然而，你感受到的一切都是專屬於你的。不須要在意。

提出「進化論」的查爾斯・達爾文曾說過：

「最終能生存下來的物種，不是最強的，也不是最聰明的，而是最能適應改變的物種。」

生物進化史顯示，能夠存活並進化的生物都是「雖然很弱小但能適應環境變化的」。

不要害怕改變，要隨時不斷更新！

不穩定才是最好的。

不管被別人說了什麼，都請得意地說：「因為我成長速度很快♪」

28

容易憂慮不安

危機管理能力強。

成立公司時，我參加了由政府舉辦、為期三個月的創業課程，目標是完成「貸款審查商業計畫書」。課程內容包含經營的基礎知識、基本商業概念、事業構想等等。

貸款審查計畫書上必須提供數據佐證，說明「為何這項事業能順利推行」「這項事業對世界有什麼幫助、為什麼會賺錢」。

回答「總是會有辦法的」這種答案無法通過審查。

必須要有判斷風險及能夠應對最糟狀況的能力。

做生意的基本原則就是列出所有可能的風險，並思考如何應對。這是因為，如果光只想著好事，一旦發生任何狀況就會無法解決，造成此項事業面臨破產的風險。

經營者必須預想到「最壞的情況」並行動。

我認為人生也是如此。

雖然單以「總是會有辦法」這種樂觀的想法前進也很好，但若只想到好的情況，遇到阻礙時會更容易遭受挫折。

另一方面，會想到「萬一事情無法順利進行該怎麼辦」的人很堅強。

當問題發生，比較不會感到恐慌，而且能事先理解到「會發生最糟糕的情況」，也比較不容易感到挫折。

因此，容易感到不安的人，表示有著危機管理的天分。

但是，如果只想著「怎麼辦」卻什麼都不做的人，就浪費了這項天賦。

透過思考「怎麼辦＋應對法」才能發揮你的才能。

從現在開始，思考「擔心＋應對法」，就可以登上挑戰的平台了♪

29

我是不幸的……

不幸是釀造出深度的調味料。

數年前，我為了專注經營YouTube，捨棄了在東京的生活，在房租只要五千日圓、屋齡七十年的房子生活。

當時YouTube的收益約只有一月一萬日圓。

雖然煩惱著錢要是沒了該怎麼辦，但我轉念一想，乾脆來拍一部**「用零元度過一個月的影片吧！」**（笑）

如果是搞笑藝人，就算是悲傷的故事也能當作段子吧。

就像是這樣的感覺。

日子當然是很辛苦，結果這個企劃也失敗了……

這時，我剛好有個機會能與搞笑藝人ジョイマン（吉本興業所屬，由高木晋哉和池谷和志組成的搞笑團體）一起工作，他跟我說到「簽名會時沒有任何一個人來」的往事。

在這之後，ジョイマン把這個難過的故事當成題材，讓「全國巡迴簽名會」大成功。

像這樣，看似不幸的事也能當成段子後，將不會再想成是不幸的事。

因為不太可能會做成動畫，也不會在電視上演出，所以把它當成段子講給朋友聽吧。

不幸是聊天的素材。

增加的深度是你的財產。

如何呢？

你心中有好的題材嗎？

若有機會，我很樂意聆聽喔。

若有想變得正向積極的心，不幸將不再是不幸。

30

總覺得過得很痛苦

面對自己內心的好機會。

有些生活上的痛苦無法說出口。

無法做到一般認為很普通的事情也會感到挫敗。

我一直都帶著這樣的感覺活著。

這種感覺尤其是我來東京上大學一個人生活後就一直存在。

例如，打工時一直犯錯、總是被後輩超越。

我每天都自問：「為什麼連這樣的事都做不到？」並感到憤怒。

雖然說「只要照著說的做就好」，但這對我來說相當困難。

私生活也是，明明有注意了還是發生重大失誤、想做菜卻發生火災……（笑）。

我當時想著：「我做不到大家能做到的事，真是失敗啊。」

但是，事實並非如此。

沒有誰是很沒用的。

沒有完美的事。

因為曾經被貼上「沒用的人」這個標籤的我，現在正做著「喜歡」的工作，

而且還獲得了人們的感謝。

我已經沒再感受到生存很痛苦了。

我認為，無法順利進行的事，只是因為不適合自己而已。

並不是說誰能做或誰不能做，而是誰適合或不適合而已。

很多人都誤會了這一點。

是的，很多人都如同當時的我一樣，只會一味地自責。

如果感到活著很痛苦，請花點時間好好面對內心。

「我不想做的事情是什麼？」

「我喜歡什麼、討厭什麼？」

請多問問自己問題。

31

與人比較

發現他人優點的天才！

大家是否曾想過「他比我好太多了。跟那個人比我簡直……」呢？我收到很多這樣的煩惱。

我認為能夠真誠稱讚別人的人，是擅於發現別人優點的天才。

而且與人相比並不是件壞事。

人類本來就是會比較的生物。

所謂的「社會性比較」，就是透過以某件事物與另一件事物相比較來衡量事物的價值。

比較本身是件很自然的事，一點問題都沒有。

重點是接下來的想法。

不幸的是，始終看不起自己的人終會一事無成，但若能意識到某些事，就能將它轉化為個人的成長。

那就是——

思考「這個人成功的原因是什麼？」

「為什麼這個人可以一帆風順？」

「這個人的魅力是？」

請試著像這樣進行觀察。

然後，模仿！

將他們的優點採用進自己的行為中！

這並不是心態扭曲，請試著將自己的觀點轉變為「有什麼重點是我可以採用的嗎？」

例如，如果羨慕一位工作與私生活都很充實的同事時，就問自己：「為什麼他能夠做到工作與生活的平衡呢？」並觀察對方運用時間的方式與想法。

若可以直接詢問，試著去問問看也是一種方法。

我如果覺得「這個人的工作能力真強！我完全做不到像對方那樣！」時，會在沮喪前先觀察對方的工作方式。

若能詢問，我會立刻發問：**「要如何才能像你這樣快速做完工作呢？」「你是按照怎樣的行程表在行動的呢？」**

如果看到漂亮的人，我會立刻詢問對方的保養方式，並加以模仿。如果遇到受周遭人歡迎的人，我會觀察對方的用字遣詞和行為，然後自己也跟著那樣做。

這麼一來，與他人比較的行為就能搖身一變為成長的機會♡

若是擅長發現他人優點的專家如你，一定很擅長這麼做的。

此外還有一點。

比起花時間思考「能比那個人做得更好還是更差」，我更著重在「比過去的自己是更進步還是退步」。

如果在「比過去的自己稍微進步」的基礎上再試著加上「與自己比較」的想法，成長的速度將會急速上升唷♪

Column

3 沒有存款，在屋齡七十年的家修行一年

我在二十四歲時，把在俱樂部存到的錢拿來開美甲沙龍，從女公關離職。

經營美甲沙龍的同時，為了增加知名度，我也開設了美容YouTube的頻道。

但是，因為當時我對自己的外貌沒有自信，要做為「美容係」來販賣某種姿容，讓我漸漸感到痛苦，隨後也變得無法面對照相機前自己的臉。

因此，我當時想「如果是兩個人就可以吧！」就邀請了伴侶，開始一起做情侶內容的影片。

我邊經營著自己的美甲沙龍，伴侶也在做著別的工作，邊經營YouTube。但是，世界上沒有同時從事兩種職業還成功這麼天真的事。

我不懂無法取得好結果，還因為把積蓄都花在美甲沙龍，導致生活變得越來越困難……

我陷入了二選一的窘境，是要捨棄夢想？還是捨棄目前的生活？答案是：「為了在 YouTube 上取得成功，所以要拋開現在的生活，搬到不用擔心生活費的鄉下」。

我決心不再逃避現實。

好好面對眼前的現實，絕對能改變我的人生。我是如此下定了決心。

於是，我透過熟人介紹，以每個月五千日圓的租金租下屋齡七十年、牆壁破洞、滿是蟲子的房子。

我立誓：「這是修行。我要在這一年之內成功，過上比以前更好的生活。」然後搬進這棟房子。

……但那裡的生活比想像中還困難。

首先，為了能正常生活，我先要補上房間裡的洞，換掉又舊又爛的榻榻米……整天都在 DIY，並持續每天在 YouTube 發影片。

不久之前我還在六本木喝著香檳，但現在每天都去五金行，把自己弄得滿身都是油漆……（笑）。

我在DIY領域上當然是業餘的，另外因為每天都要上傳影片，所以每天只睡二到三個小時。

一天工作結束，正想著可以好好休息時，面前又會出現跟手掌一樣大的蟲，我因而哭得一蹋糊塗（笑）。

這樣的日子持續著。

我沒有跟朋友連絡，也沒有遊玩的時間。

即便如此，我仍一味地積極向前看。

在這些日子裡，毫無疑問深刻地強化了我「轉變積極」的能力。

可本書就可以讓你在三秒內學會這些能力，非常物超所值！

4 章

【不擅長交際】

做自己是最優先項目！

32

想改善容易害羞的性格

刻意直接講明，就能成為順水推舟與他人建立友好關係的武器。

我其實是個相當害羞的人。

剛開始在俱樂部工作時，會透過妝髮來開啟開關，而且我在開工前會先喝一杯，在工作時扮演「酒客角色」，才能勉強與客人交談。

我多少學了一點溝通技巧，也有些進步，但離職後開始獨立接案時，接觸的對象改變了，所以與他們的互動方式也再次改變。

因此，我又再次對交談這件事產生出困擾。

但是，因為工作關係，我自然有機會與他人互動。

我努力不讓別人發現自己是個害羞的人，拚命讓自己看起來是「正常」的。

但是，某天我觀察了周遭那些「受人喜愛的人們」，並找到了共通點。

那就是直接在他人面前展現出自己的弱點。像是：

「我沒什麼出社會的經驗，若有失禮之處還請見諒」

「我對那方面的事不太熟悉，可以請您教我嗎？」

他們一定會像這樣展露自我。

因此我也學會在一開始就開誠布公地跟對方說：「我其實很害羞。」

結果對方說了句「原來是這樣」後，就接受了這件事。

與其想隱藏自己的弱點，不如一開始就先想著「我已經說了出來」，這樣會比較容易冷靜下來。

先說出來對方就不會因為你游移的眼神感到奇怪。

再者，展現自己的弱點也有助於獲得對方的信任。

「開誠布公且正直的人」，會讓別人更容易對你敞開心房。

從那時起我的害羞情況就漸漸地改善了。

當然，我並不是突然就到了「在任何人面前都不緊張！」的程度，但明顯平靜了許多。

若是能做到這一步的人可以更進一步。

也就是請試著說說看：

「雖然我很害羞，但因為想見你所以來了。」

如何呢？

我認為沒有人會討厭聽到對方這麼說。

開誠布公表示自己是個害羞的人，反而是個留下好印象的機會。

敢於表現內心的感受，就容易與對方交好唷♡

33

說不出想說的話

謹言慎行。

「無法好好表達想說的話」
「無法指出感覺不對的地方」
「不敢表達自己的意見」

之所以會這樣說不定是因為你覺得「要是把話說出口，會不會得罪人？」

換句話說，這表示你是個謹言慎行的人。

這是你的才能。

不用自責無法表達想說的話這件事。

盡量不破壞他人的心情是件好事。

若是不知道該說什麼，或是不能說出想說的話，就請在心中暗暗對自己說：

「我是位謙虛有禮的人。我只是刻意選擇了不說。」

當然，能夠清楚表達想說的話的人也很有魅力。

但是，你不用違抗自己的個性，強迫自己與別人一樣。

其實我也是會謹慎選擇用字詞的人。

剛開始做YouTube時，我看了一些受歡迎的女性YouTuber的影片作為拍攝參考。她們各個都很擅長說話，能夠滔滔不絕說出有趣的故事。

我心想：「我也要像她們一樣！」但當開始正式拍攝，卻因為思考用字遣詞而什麼話都說不出來。

我因為想太多「這樣說會不會傷害到其他人？」「這樣說會不會被誤解？」等等而寡言少語，也因為想著「為什麼這麼不會說話呢」而信心全失。

但當我以自己的風格努力發布影片後，就被人稱讚說：「我喜歡妳謹慎的用字遣詞」「以溫和的方式來表達很棒」「很喜歡妳優雅有禮的說話方式」。

後來我意識到這就是自己的魅力。

即便現在我還是常常因為想著要怎麼說比較好而沉默，但我已經不在意了。

④

【不擅長交際】
做自己是最優先項目！

這是我的優點。
我有我的優點，你有你的長處。
磨練擁有的才能，魅力就一定會爆發！

34

不擅長交談

正因為擅長傾聽，才擅長進行真正的溝通。

在此我想澄清大家的誤解，「擅長說話的人並不等於像藝人那樣是很有趣的人，能夠滔滔不絕」。

除非是專業的演藝人員，否則這樣的人並不多。

那麼，一般社會上所指「擅於說話」究竟指的是什麼呢？我認為是「擅長傾聽」。

事實上，營業額最高的女公關並不是話多的人。

不如說不太說話的人才占多數。

當然，有些人可以用有趣的話題炒熱氣氛，但這不是可以輕易模仿的技巧。

那麼「不說話的女公關」到底都在做些什麼呢？那就是「讓對方說話」。

一個不擅長說話的人很難突然變得像專業的講者一樣，相反地，這類人具有成為很好的傾聽者的特質。

正因為擅長傾聽，才是讓人「想再見一面」的人，是會讓對方開心說話的人。

如果只是聽對方說話就能讓對方認為「跟這個人說話很開心」是最理想的。

那麼，說到具體該怎麼做，只要重複「認真聽對方說話後提出問題」「接受並提出問題」即可。

例如：

「原來您是這樣想的啊」（接受）

「為什麼你會這麼想呢？」（提問）

在「接受」時，像鸚鵡一樣的說話方式也很有效。

例如以下這樣的感覺。

對方：「最近在工作上犯錯而被罵了。」

你：「被罵了啊」（接受）

就像這樣。

「發問」時不會讓人覺得在質問的關鍵是，深掘感受而非事實。

是哪個點讓你開心呢？

是哪個點讓你高興呢？

你喜歡哪一點呢？

你討厭什麼呢？

對你來說困難點是什麼呢？

什麼地方會讓你感受到困難？

像這樣專注在對方的感受上，就能讓他們感到自在。

不擅長說話的人，以成為引發他人感情專家為目標吧。

嗨！傾聽者！

35

有他人在背後說自己壞話

安全！只要現在保持距離，就不會受到影響！

這是發生在我高中打工時的小故事。

我只是認真在做自己的工作，但有些人卻會趁著休息時間說我的壞話。

我想應該是說我戴眼鏡很俗氣，身材又很胖。

「想去不會聽到這些話的地方。但肚子很餓必須吃點東西。」所以我有在廁所吃飯的痛苦回憶。

但是「在廁所吃飯」太痛苦了，我心想：「為什麼我要躲起來呢？」並開始堂堂正正地在休息室吃飯。

接下來的發展就很無聊了，她們開始在講其他人的八卦。

就是這樣。

她們總是在說某人的壞話或挖苦某個人。

如果奪走了她們講壞話或挖苦人的機會，她們就會無話可說。

她們想要的是對方的「反應」。

因為只是用來打發時間，所以對象是誰都可以。

恐怕她們到哪都會這樣做。

如果是在團體中做這件事，就只是受到了周圍人的影響而已。

被這種氛圍長期圍繞，將只會聚集來相同人士而已。

在一個小社群裡，大多數人都是正義的，所以當被人說不好聽的話，往往會認為「是我的錯」，但從第三方的角度來看，並非如此。

為了不被影響，請放心保持距離吧。

只要保持距離，就不會受到影響。

安全安全！

很高興你沒有受到影響！

36

被多管閒事的建議傷害

對方或許是以「今天真熱呢～」的感覺在說話。

敏感的人和大膽的人其價值觀上的差異，就像住在鄉村的老奶奶和住在市中心大樓年輕人的差異一樣。

我來自青森的鄉下。

雖然我住的地方「有點像鄉村」，但同樣住在青森的奶奶家甚至沒有便利商店，唯一的超市要開車一小時才能到。

在這種地方，社區的人們是互相扶持生活著。

因此，會有鄰居沒按門鈴而直接打開你家門，並說著：「我帶了蔬菜給你！不能睡到中午喔！要好好吃蔬菜！」然後擅自留下蔬菜就離開了。

雖然有許多親切的人，但我小時候真的很不擅長應付這類人……

但是在那個地區，毫無疑問是一種「親切」。

那麼，如果是發生在市中心的大樓呢？

會被當成可疑人士處理吧。

一般人會想著：「怎麼會有這麼沒禮貌的人？」並有很高機率會報警。

但是，到你家拜訪的人，可能會心想：「我只是出於好意，是你反應過度了！」

生活在不同世界，就會擁有不同的想法和常識。

我覺得這與我們內在的感覺一樣。

有的人會不先打聲招呼就擅自打開對方的心靈之窗，並說：「今天天氣很熱呢，我帶了冰淇淋來給你。」世界上就是會有人說著：「打擾了，我來給你點意見吧。」

對於沒有這種感覺的人來說，很難理解「為什麼要做這種事？」

然而，他們「為什麼」會那樣做的答案其實簡單，是「因為就是那樣的人。」

這就像是生長環境相差一百八十度的人類之間跨文化的交流。

這與孰優孰劣無關。

沒有必要因為與你完全不同行為舉止的人而受傷。

只要想著**「他就是這種人」**就好。

並且把門鎖上不要讓對方進來。

當與不擅長應付的人來往，請試著以「我不會讓你踏入我的內心」的心態來接觸對方。

你可以對對方關上心門。

37

被當成笨蛋

被嫉妒是人生最棒的事。

在社群網站上活動，一定會被批判。

剛開始我非常在意負評，會認真看待每則留言，卻使我非常受傷。

但是我不想認輸，

我會對自己說：「總比沒人注意到妳，沒人對妳發表意見好。這代表著我有著閃閃發亮的個性」。

起初我有點硬是讓自己這麼想，但後來我開始相信。

然後逐漸地，我對此深信不已。

從那時起，我決定：

「受到多少批評都沒關係。我要貫徹自己的信念。」

只要堅持自己的信念，並愛著自己，不管別人怎麼說，我的價值都不會降低分毫。

我只以愛自己為目標。

即使收到他人的批評也沒關係。

英雄最一開始總是會被嘲笑。

漫畫《航海王》的主角魯夫和《流星花園》裡的女主角牧野衫菜一開始也是被大家取笑。

如果要我在被取笑跟取笑人之間做出選擇，我會選擇過著被取笑的人生。

我甚至會認為「被取笑真是太好了！」

嘲笑別人努力的人，都是沒有努力過的人。

彼此居住的世界大不同！

38

無法與他人商量而耿耿於懷

這就是能夠設身處地為他人著想的證明。

無法與周遭人商量的你是很溫柔的人。

會想著「會不會造成對方的困擾？聽這些話很無聊吧！」等等正是為他人著想的證明。

然而，有個方法能在不造成對方的困擾下進行商量。

那就是，

「不要要求對方回答」

「不要期望對方理解」

「對方願意傾聽就心存感激」

向其他人訴苦時，可以事先聲明：**「我不需要建議，只要聽我說就好。」然**

後再說給人聽。

與其他人交談時，嘗試用當事者以外的人可以理解的方式來說話。

換句話說，變成能用客觀的方式自然看待已發生的事。平心靜氣的談論發生在自己身上的事情。

這個行為能夠整理自己的想法，並產生出「說出來就鬆了一口氣」的感覺。

若有人能聽你說話，請衷心感謝他。

反之亦然。

當有人向你請教，不必覺得「一定要給他明確的建議」。

只要帶著「原來有這樣的事啊」這樣的心態去聆聽就能夠幫助對方。

39

不擅長與人交往

獨處達人。

以前我有一家常去的酒吧。

當時我很喜歡喝酒，所以會一個人去那間酒吧享受，有時候還會跟店員聊天。

某次，能很快跟人打成一片的朋友Y說「想去看看」，因此我就帶她去了。結果，在短短十分鐘內，她就和店裡的每個人變成朋友，包括店員。

瞬間，所有人都打成了一片，而去過這家店多次的我則一個人被留在原地。

我心想「這就是社交高手嗎！」（笑）

同時，我還想著：「真好，她那麼受人歡迎。我都無法迅速與大家打成一片……」感到很低落。

她在社群網站上的照片總是與很多人的合照，所以我都會悲觀地想著：「我怎麼沒有如此強大的社交力……」「我都沒有像這樣有好交情的朋友……」

在冷靜下來後，我問自己：「想過著每天都被一堆人包圍的日子嗎？」答案是否定的。

我喜歡一個人獨處的時間，在不被任何人打擾下讀書。

我喜歡悠閒地在咖啡廳喝杯咖啡。

如果每天都和不同朋友見面會怎樣呢？

我就沒有時間能夠放鬆，因為總是想著該如何盡善盡美而精神疲憊，累倒在家並抱怨著：「放過我吧～！」（笑）

我發現我不擅長跟一大群人相處，像她那樣的生活方式反而會造成壓力。

為什麼我會羨慕她呢？

恐怕是因為有「真好～」的錯覺。

我想我應該有交到很多朋友的機會。

但我刻意不那樣做。

我選擇了喜歡並選擇了會讓自己感到舒服的「獨處時間」。

你大可不必因為「不擅長社交」而感到沮喪。

你能夠靠自己謳歌自己的人生，是獨處高手。

這是多麼棒的一件事。

不用在意別人的眼光，繼續享受獨處的樂趣吧。

而且我覺得不常社交的人是很有魅力的。

我自己的交友圈並不廣，所以當接觸到「有很多朋友！」的人時，有時會感受到「溫度差」。

像「對我來說你是我的朋友之一，但對你來說我是你一百個朋友的其中之一」這樣。

但是和那些「關係深厚」類型的人在一起時，就會感覺到我們有相同的熱情，所以不會感到孤獨。

這對對方來說，也是極具魅力的。

40

被重要的人拋棄

比起總有一天會消失的其他人，陪伴自己一生的我比較重要。

雖然令人難過，但其他人總有一天會消失。

不可否認的是，在最後一刻前，都是由自己來主宰自身的人生，為自己的生命負責。

所以無論發生什麼事，首先都要照顧好自己。

我在大學時期開始看身心科，也因為容貌焦慮去做了很明顯的整形手術，還有一段時間，只要看我的臉，就能看出我「狀態不佳」。

朋友們看到我狀態明顯不好後，都遠離了我。

老實說，我認為他們「不想和我扯上關係」是情有可原的。

即便如此，我還是沒有放棄自己。

我沒有放棄自救，而是好好地面對「我」這個人。
無論我頹廢到什麼地步，最後陪伴自己的還是我自己。
在這世界上，最為我著想的人只有我自己。
沒有人會比我更無條件地關心我。
那些拋棄我的人，就到此為止吧。
與其糾纏一個不知道會不會回到自己身邊的人，不如利用有限的時間來磨練自己，因為這樣一定會取得進步。

首先要相信並愛著一輩子都會陪著自己的自己。

Column

4 帶著自信生活的女性一定會增加！

我持續努力一年在YouTube及社群網站上活動，在這個過程中，我有了「我想寫一些文章，帶給像我一樣有著自卑感的女性自信」這樣的目標。

然後我就有了現在這個「MAYU姐」的帳號。

我是依照自己的信念在發布影片及寫文章，所以很慶幸有許多支持及認同我的人。

過去我經營的美甲店因為各種原因倒閉，在上了為期一年的「企業輔導」課程，並從頭學習經營管理後，我終於在二〇二三年一月成立了自己的公司。

這家公司的理念就是「讓更多女性能自信生活」。

我目前還有在經營線上健身網站「鍛鍊身體ippo.」（ボディメイク部ippo.）。

「ippo.」這個字的意思是「無法獨自踏出的一步，我們一起走吧」。

我不是想站教導者那樣的「上位者」立場，而是想站在「跟大家一起努力」的位置。

「我自己也是新手，所以大家也沒問題的♡」（笑）

我之所以想從事健康事業，是因為曾經為了自己的體型而感到痛苦，所以希望能讓有相同煩惱的人像我一樣獲得自由、幸福。

而藉由養成運動習慣，就可以誇獎自己「做到了~♪」獲得「讓我們一起提升自我肯定感！」的心情。

我現在熱切地想幫助大家，「無論是想法還是外表，一起來建立自信，讓人生閃閃發光吧！大家一起的話肯定能做到！」

不管是作為 MAYU 姐還是公司，我都想進一步強化「這對對方是否有益？」的態度，從根本上追求「幫助大家建立自信」。

message

2

無論別人對我抱有什麼惡意，我的態度都是「哦，原來還有這樣的人啊♡」

5 章

【戀情不順】不會帶來幸福的戀情，我可不想要！

41

沒有男人運

人類有一半是男的！

對於總是感嘆「遇不到好男人」的人，我想來說則我朋友的故事。

數年前，我朋友開始去相親。

那時候，她每天都為了結婚而安排約會。

雖然她時常感嘆「總覺得找不到好男人」，但總是很開朗樂觀。

「我的理想很高。這就像樂透一樣，所以只能每天都抽。因為目標不是最小獎的四百塊，而是頭獎的兩千萬。但我一定要中獎♪」說完這句話後，她就颯爽地走入東京鬧區的夜色之中。

她的理論是：**「桃花運就像抽獎一樣，總之先增加抽獎的次數。」**

我覺得這是正確的。

結果，她如願遇到了好男人，過得十分幸福。

我以前抽到道德騷擾男，但現在也過得很幸福。

人生很長，而世上的人有千千萬萬！

如果總是遇不到好伴侶，就在心中默念這句話吧。

人類有一半是男性！

若是雙性戀，那麼就是全人類！

若感嘆著「桃花運不佳」，那就一直抽下去，總有一天會中獎的！

42

不被所愛之人選擇

與其成為被選的人，不如成為掌握選擇權的人。

等待一個好對象來選擇你，這種時刻是不會到來的。

你是選擇者。

你可以創造自己的命運。

為了不受到傷害或避免更加自我厭惡，就設下「像我這樣的人，不可能會被喜歡的人選中」這樣的心理防線，將什麼事都不會發生。

若想跟對方共創未來，就必須採取行動！

如果想讓對方成為「自己命定的對象」，處在被動狀態可一點用都沒有！

戀愛有很多策略，我是直球派的。

向對方傳達自己的心情、表達愛意，全力傳達「我只看著你」！

傳ＬＩＮＥ。

進入對方的視線。

傳達給對方想見對方的心情。

比誰都關心對方。

這麼一來對方就會選擇你。

因為本來就不是採取被動的態度，理所當然會得到預想中的回應。

「因為是我選的人，當然很受歡迎！」

同時，

「既然我選了這個人，我就要努力表現自己」。

因此你也要多多展現自己！

若是保持沉默，什麼事都不會發生！

但要注意的是，「愛不等於犧牲」。

「我想要讓你幸福，即使犧牲自己也無所謂」是成為「工具人」的開端。

請不要將「積極主動」與「全心全意為某人付出」混為一談。

此外，也不要太期待「對方會給你幸福」。

「我也想要變幸福，你也想要變幸福吧。如何？要不要跟我一起變幸福？」

用這種對等的態度去接近對方很重要。

「不行啦，我無法成為握有選擇權的人……」

你有這樣想過嗎？

這是一種假設。

如果你沒有自信，只能等待被選擇，那麼是時候提升自己了。

當你磨練自己，外表與內在都充滿自信，擁有「掌握選擇的心態」後，戀愛的選項就會大幅度增加。

「我做不到」是天大的誤會。

請不要限縮自己的可能性。

當握有選擇權的人，你就會有更多的選擇。

43

不想讓別人看到真正的我

如果對方不愛原本的自己，就不需要對方！

「我不想讓他討厭我，不想讓對方看見自己不好的一面，因此感到痛苦。」

我經常收到這樣的煩惱。

這些人可能在過去有因為展現真實的自己而被討厭的經驗吧？

我過去也有一段不愉快的戀愛經驗，所以我開剛始跟現任男友交往時，完全不信任他。

當時，我誤以為「展現真實的自己他就會離開我」。

在過去跟道德騷擾男交往時，我曾經被罵不會做菜，也被指責過不要素顏，讓我深受創傷。

即使在現任男友面前，我仍會為了掩飾不會做菜的事實而偷偷躲在一旁邊看食譜邊做飯。同時，我雖打扮得很精緻，但其實我是個很隨便的人。

真是催人淚下啊（笑）。

我也不太會做家事，但我想「要是不完美就會幻滅！」所以就算逼迫自己也試著把每件事做到一百分。

但是，因為喝醉失態，我就乾脆心想：「算了，隨便啦。」並表現出各種不好的一面。

我完全不整理房間、素顏、懶惰的日子裡就不洗澡、洗完澡後用毛巾把頭裹起來、只穿內褲走來走去、不處理體毛、酒品不好……（笑）。

即便如此，當他在我身邊，我就能信任他。

讓他知道我做不到的事，就是對對方的信賴。

這就是**「隨便怎樣吧！」**的精神唷。

是**「如果看到素顏後的我就幻滅，那就滾一邊去吧！」**的心情。

剛開始交往時就讓對方看到缺點也是件好事。

越早說就越容易說出口。

「那已經在交往是不是來不及了？」

不，無論什麼時候，當下這一刻永遠是最好的時機。

與其拖延下去，現在就是最好的時候！

雖然也有像我過去交往過的道德騷擾男一樣，會否定「不完美的女友」，試圖讓對方變成自己理想中的模樣，但相對地，也一定有個人「即使你什麼都不做，依然愛你存在的本身」。

那些你認為不好的部分，也一定會有人接受。

我們其實並不是一定要做些什麼才能被喜歡。

你的存在本身就值得被愛。

44

換個男朋友就好。

該為了男朋友改變？

二十幾歲那年，我跟朋友出去喝酒時認識了一位年紀較大的男性，並開始跟他交往。那個人就是「道德騷擾男」。

我只要稍微變胖，他就會說：「太胖了吧？」「我討厭醜女，妳不要變成醜女喔」，最後他甚至還說：「鼻子高一點比較好看」「女人超過二十五歲就沒有價值了」……

現在回想起來，我也不明白為何要跟這種人交往（笑）。

因為曾經有人說我「妳真糟」「連這點事都辦不到嗎？」於是我就深信「是我的問題嗎？」「我應該要改變」。

再者，我還會認為「他一定是為了我好才這麼說」……

但是，通常會說「我是為你好」的人，大多都是為了自己。
真為對方著想的人，不會想要將他人改變成自己喜歡的模樣。
真正愛你的人會確實了解真實的你。
為了成為對方的最愛而改變自己是件很奇怪的事。
既然如此，就去尋找「喜歡真實的你」的人。
要改變的不是你的外表，而是伴侶。
我也是和道德騷擾男分手後才出現了愛著我原本模樣的人。
雖然不知道能否遇見這樣的人，但不分手就找不到。
若是你正在跟傷害你、讓你痛苦的人交往，我有句話想告訴你。
不管是多親密的關係，只要否定你的人格就不行。
而且，天涯何處無芳草。
如果想改變現狀，就從改變人際關係開始吧。

45

總是吵個不停

吵架是在交流想法。

雖然一般人會認為不要跟愛的人吵架比較好，但在我看來，吵架是「有助於了解彼此內心的活動」。

不管是多親密的人，終究還是他人。

我認為，與成長環境完全不同的人建立深厚的關係時會發生衝突是很自然的事。

我剛開始和現在的伴侶交往時，總想著「想盡可能避免吵架」，因此就算是小吵，我也會試著以「我道歉就好」來結束談話。

當時我在當女公關，他在一家公關店工作，我們幾乎每天都會吵架。

例如太晚回家、和誰在一起、喝太多等等，只要一到半夜就會敲響吵架的警鐘（笑）。

我們經常在酒精的影響下吵架，然後在吵架的過程中逐漸清醒。

接著我會冷靜下來，並開始道歉說：「我有點累了，只要我道歉就可以結束了吧。」

但是他會說：「讓我們好好談，我不需要這種莫名其妙的道歉。」

接著我們決定嘗試盡可能說出自己的想法來解決問題，之後我們進行了無數次的爭吵和討論。

我覺得如果我們沒有吵架，根本不會了解對方，也不會持續這段感情長達七、八年之久。

最重要的是不要放棄，好好面對。

如果總是等著誰來低頭道歉，就永遠不會相互了解。

即使對方採取先道歉的態度也要好好面對問題。

無論要花多久時間談話都不要放棄。

如果突然說「夠了」或「是我的錯，對不起」，就永遠無法了解彼此真實的心聲。

要交換意見直到達成一致或雙方都妥協！

如果伴侶敷衍了事的回應你，也請不要說「算了」，而是告訴對方「我想聽你的想法」，並努力與對方正面溝通，直到他願意面對。

重要的是不要隱藏心裡真正的想法，坦率地面對對方。

把吵架當成理解對方的好機會，好好珍惜吧。

46

並不享受相親活動

現在是二十一世紀，沒問題的♡

隨著社群網站的發展，「結婚就能幸福簡直是幻覺！」的現實已經表露無遺。

「結婚＝幸福」的觀念正逐漸在消失。

說到底，「讓別人給自己幸福」這個想法可能是錯誤的。

因為幸福是在自己心中。

首先，即便自己一個人也能快樂是最重要的。

現在，你可以做自己認為「有趣」的事。

即便周圍的人都說著「不快點結婚不行」，把你當成可憐人般，我們仍可以抬頭挺胸地說：

「不，我現在很幸福！現在可是二十一世紀喔！」

首先，讓我們過著能說出這些話的生活。

興趣、工作、自我提升……

不管到了幾歲，都可以做自己想做的事！

你不須要迎合別人的幸福價值觀！

我也曾經有一段時間被親戚問過「還沒結婚？」「還沒生小孩？」但我總是回：「現在有其他想做的事！」最後他們也不再發表任何意見。

最後，我相信那些能享受微小幸福的人身邊會聚集來好人的。

47

愛得太「沉重」

為可以碰到這麼喜歡的人的奇蹟乾杯。

我之所以能這麼說，是因為以前當過女公關，現在透過社群網站傾聽過數十萬人的煩惱。

能夠遇到一個能讓你喜歡到心情變得沉重的人，是非常罕見的。

簡直就像偶像存在於現實生活中。

每天都是玫瑰花色的呢。

首先，來為這個奇蹟乾杯吧。

你很享受「男朋友是偶像」的生活吧。

不過，請不要為了得到相同分量的愛，試圖以「為他做些什麼」來補足自己的魅力。

例如給對方錢、包辦所有家事、對對方言聽計從，這些並不等於愛情。

如果真的關心伴侶，應該是不會讓對方走上「廢柴路線」的。

假如你真的這麼愛他，想必他是具備了好男人的特質，所以應該對他寄予厚望，把事情託付給他。

告訴他**「我知道你是個好男人喔。」**

引導他前進。

請大家想想看公共廁所的標語。

上面不是寫「請保持乾淨地使用」，而是寫「感謝你一直以來都乾淨地使用」，對吧？

以保持乾淨使用為前提，帶著**「這是理所當然的吧？我知道你也做得到唷」**這樣的感覺來引導他。

以**「我知道你是能尊重女性的人。與其他的爛男人不一樣」**的態度來對待他。

難得遇到一個這麼喜歡的人，可不能讓他變成廢柴。

偶像幻滅是很難過的事吧？

不過，一般大眾說的「奉獻犧牲的女人無法得到幸福」，我不完全認同這種說法。

這種觀點似乎包含著「奉獻犧牲的一方是錯的」的含意。但我認為剝削對方好意的一方也有問題。

我們要嚴格判斷對方是否是在利用你的「愛」。

48

還沒準備好分開

心靈和經濟獨立的機會♡

經常會有人跟我訴說以下的煩惱：「想跟男朋友分手，但因為很不安而踏不出這一步」。

你很不安吧。

突然間變成一個人很寂寞，可以一個人活下去嗎……

但請回過頭想想。

你本來一個人就能做得很好。

但因為還是會覺得寂寞，這個時候就找一個偶像來分散心情吧。

如果只看著那個男人，就無法冷靜下來。

所以先強迫自己分散依賴對象吧。

從能免費帶給你活力的偶像汲取力量，接下來的目標則是經濟獨立。
只要經濟獨立並成為「自己什麼都做得到」的狀態，就能下定決心離開他。
現在立刻開始為獨立做準備吧。
開始一分新工作、找副業或轉職等等，試著採取行動吧。
此時最重要的是不要獨自努力。
找朋友幫忙、尋找政府資源等等。
有第三方參與有助於自己冷靜行事。
如果獨自努力就很容易想依賴他。
現在是時候從偶像那裡獲取能量，整頓好自己的心靈，培養自力更生的能力。
當覺得快要不行，再回來重讀這一頁吧。
沒問題，你一定做得到！

49

和所愛的人分開

有失必有得。

如果生命中有重要的人消失了，就會像心中多了一個缺口。

這個缺口代表著你有能力接收新東西進來。就像肚子餓時，胃會感到不適，現在這種奇怪的感覺會讓你心情不好。

但是，試著想著**「為了讓新事物容易走入內心，暫時留出一點空間」**，以這種輕鬆的狀態看看外面的世界吧。

或許會有某種東西能輕飄飄地走進此前沒有空間容納新事物的你的心中，並成為重要的存在。

雖然告別是悲傷的，但你現在的狀態是已經準備好可以接受某些新事物了。

這不是結束，而是全新的開始。

message

3

我的價值
由我決定！！

6
章

【想活出自己的風格】
人生永遠是
從現在開始！

50

無法如想像般努力

「痛苦」是來自身體的「休息」訊號

我成立公司準備拓展業務時，一天早上起床後發現嘴唇腫脹，全身沉重、動彈不得。

冷靜下來後我去了醫院，醫師診斷為血管性水腫，這是一種與壓力有關的疾病。

聽到診斷後，我的心中不是感到慌張或疑惑，而是著急地想著：「我還有很多事要做！」

當我把這件事告訴一位德高望重的前輩，他回覆我：

「如果身體一直沉默妳就不會休息，這是身體在告訴妳要休息。即使告訴妳該休息，依妳的個性也不會休息，所以要不要盡可能試試看邊工作邊休息？」

原來如此，這是身體在亮黃燈。

那時候我才意識到這一點。

從那時起，當我查覺到身體或精神上出現了疲憊的徵兆，就會把它當作是「該休息的訊號」並休息。

如果大家也出現了「休息的訊號」，可以想成是**「能在倒下前察覺到真是太好了！」**然後全力休息。

越是認真的人，越容易攬下工作來做，但其實除了做與不做之外，還有「保留」這個選項。

不一定要現在做所有事，也不一定要永遠不做。

你可以選擇暫時擱置。

不須要感到焦慮。

拖延也沒關係。

我也刻意擱置了很多事。

「現在不做決定」也是一種決定。

即使是無法休息的人，或是猶豫要不要休息的人，都要像前述前輩提出的建議那樣，可以在努力工作的同時盡可能休息，或是增加喘口氣的時間。

當我須要休息，也會頻繁地去廁所或裝水，頭腦不清晰時就會去小睡片刻。有時候也會打開窗戶通風，或是去喜歡的咖啡店轉換心情。

如果你所處的地方很難轉換心情，那麼可以假裝「肚子不舒服」的樣子，多去幾次廁所。

盡可能避免增加額外的工作，若有電子郵件來也可以先回覆「會於下周確認」，然後強制關機。

你是否會想：「這樣不行，要好好做工作！」

但最須要「妥善」照顧的就是自己的身心。

51

不夠優秀就無法成功

幸運！能使用「自我效能感」。

雖然有點突兀，但各位對訓練過錦織圭[*1]的前網球選手松岡修造[*2]有什麼樣的印象呢？

他給大家的印象大多是積極、充滿自信、內心強大。

實際上，松崗修造曾在電視節目中說過：「若真要說起來，我的個性不是很積極，是非常消極的。」

*註1：日本第二位打入大滿貫賽事男子單打決賽的網球選手。二〇一六年夏季奧林匹克運動會網球比賽男子單打銅牌。

*註2：史上八位打進大滿貫賽事八強的亞洲選手之一。引退後除了培養後繼網球人才，同時擔任日本電視台體育節目《スポーツMAX》（SPORTS MAX）的播報員。

這樣的松崗選手當時穿著一件寫著「我能做到！」的T恤。

給自己下「我能做到！」的暗示，就能有意識地建立信心。

他說，「雖然沒有根據，但深信『我能做到！』」確實會提高成功率。

根據心理學家阿爾伯特・班杜拉（Albert Bandura）的說法，當人們想著「我應該做得到！」而做出行動，會更容易成功。

這就是所謂的「自我效能」。

我總會刻意地大聲說出「我做得到」。

就算很緊張也會說「我很興奮」，感到不安時也會說「簡單啦♪」

即便實際上根本不這麼想，也試著從這句話開始說起吧。

先「假裝相信自己」也可以，最重要的是擴大可能性。

若是本來就很有自信的人，或許反而不會刻意去做這件事。

如果是這樣，那沒有自信的你就很幸運！

你可以下點功夫來發揮自我效能的力量！

「我能做到！」的想法是成為真正能成功的自己的第一步！

52

不幸

人生幅度越廣，幸福感就會上升♡

當還是高中生的我聽到「讀女子大學好找工作、受人歡迎」的說法，便抱著「一定要找到好工作，嫁給有錢人」的荒唐動機，決定去讀私立的大小姐學校（女子大學）。

然而，我並不是大小姐。

父母也都反對這件事，但我還是借了兩筆學貸去讀大學。

雖然是就讀文科，但學費卻與理科一樣高。

雖然是私立大學，但有學貸的學生卻不到全體學生的百分之三十。

當我問同學高中的畢業紀念品是什麼，她們回答我是御木木（MIKIMOTO）*

＊註：全球珠寶界前十大品牌。

的珍珠項鍊……而我拿到的是刻有高中校名的鬧鐘……

因為身邊也不太有借學貸的朋友，所以當她們隨口說出：「我們不須要借錢讀書。」我感到很沮喪。

因為是自己選的路，所以說是自作自受，當時我忍不住會想：「為什麼只有我要這麼努力才能拿到想要的東西？」

無論如何，我就是很羨慕。

但是最近，當我能靠自己的努力買到想要的錢包，我感覺到非常快樂，而且在當下會想著：

「能體會到這種喜悅是當初的我無法輕易擁有的，真是幸運啊。」

如今我已經二十八歲了，經過了十年，終於能靠自己的力量拯救當時的自己。

正因為經歷了這麼多悲慘的日子，微小的事情也能讓我感到快樂。

想去咖啡廳就去、能買想買的化妝品。

這些事情之所以能讓我感到這麼大的喜悅，是因為我原本並不曾擁有。

對於「為什麼我沒有這些東西」「為什麼我不能買」的沮喪想法，當靠自己獲得想要的東西，比起原本那些已擁有或能輕易購買的人，感到的喜悅會倍增。「原本就沒有」這件事，正能讓達成後的喜悅更加豐富。

靠自己力量獲得的東西也會更加珍惜，對吧。

人生的多樣性會不斷提升幸福感。

將「不被眷顧」的自卑感轉化為動力，想必能獲得那些「被眷顧的人」所無法體會的幸福。

53

找不到想做的事

能做事項的選項有無限多！

想做的事大多都是在做某件事情的過程中發現的。

經常有人問我是什麼原因決定成為網紅，或是把經營社群當作職業。

我的理由是：

「對它有點興趣」

「總之想挑戰一些新事物」

「總覺得很厲害」

一開始我獨自一人隨意地開了美妝頻道，但覺得不適合，很快就放棄了。

接著開始經營情侶頻道，但比起娛樂內容，我更想創作知識型影片，想讓觀眾感受到活力。

6

【想活出自己的風格】人生永遠是從現在開始！

經過數年後，我現在經營著「MAYU姐」（まゆ姉）這個帳號。

在不斷挑戰自己有興趣的事物的過程中，我逐漸確定自己想從事「讓更多女性帶著自信生活的活動」。

大家常說「必須懷有信念去做某件事」，但我認為幾乎沒有人從一開始就能懷有堅定的信念。

事實上，真正想做的事，往往是在排除掉「這個我不擅長」「這個我不想做」的選項後才浮現出來。

也就是說，找不到想做的事，實際上就是選項無限多而無法抉擇的狀態。

那麼，要怎樣才能找到自己想做的事呢？

我認為是「了解自己」和「行動」。

了解自己——分析自己的優點、缺點、喜歡和討厭的事，進而找出自己的價值觀和適性。

行動——基於「了解自己」的基礎上試著行動。

這樣一來就能縮小選擇範圍。

祕訣在於，「一開始就要抱著『反正也做不到』的心態去嘗試」。

為什麼要認為自己一開始就做得到呢？

為什麼忽略了「成功人士」累積的努力和時間，然後直接與他們比較呢？

請抱著「做不到是理所當然」的心態去挑戰。

就像我們不可能一次就學會騎腳踏車。

不可能一次就投出三好球。

投球要輕、要頻繁！

總之只要多投幾次球，試著達成目標就好。

54

無法喜歡上工作

比別人更能享受私生活。

據說現在是將喜好當成工作的時代，是沒有標準答案的時代。

當然，若可以將喜好當成工作，就能享受工作的樂趣，但無法享受工作也沒什麼不好。

儘管無法享受工作樂趣，相對的會有個好處是，「能比別人更享受私生活！能充實自己！」

「熱愛工作」固然很好，但喜歡工作的人變成「工作就是娛樂」的狀態時，工作和私人生活界線有時會變得模糊不清。

這就是為什麼很多從事喜歡工作的自由業者或創業家，常常會有「不知不覺總是在工作」的情況。

如果本來就喜歡也無妨，但能夠清楚劃分「工作是工作，私生活是私生活」，在兩者之間找到平衡，也是好事。

「熬過了這關就可以看動畫！就可以出去玩！」等等，充分利用周末時間，讓生活更加充實♡

不必責怪自己「無法享受工作」。

此外，「想轉職」的人也可以將「討厭工作」的心情轉化為能量！

「為了離職，要好好存錢！」

「我要去參加不同行業的說明會，或是多讀點書，尋找『自己真正想做的事』！」

在工作之餘試著進行小規模的行動。

這麼一來，就可以將討厭工作的心情轉換成力量。

55

失敗了

失敗是挑戰過困難事項的證明。

失敗的時候，你是不是會有如下的反應呢？

「為什麼我連這件事也做不到……」

「為什麼做了這種事……」

「我不行了。光會給人添麻煩……」

但是，希望你能正視自己在失敗之前進行了「挑戰」這項事實。

如果只做已經習慣的事，當然不太會失敗。

碰壁正是因為你在前進。

我至今為止也經歷過很多次失敗。

經營美甲沙龍失敗。

存款歸零，無法維持生活。

上傳了引起誤解的影片而受到批判。

不熟悉商業信件所以發錯了。

失敗的時候，雖然會想著「好丟臉！怎麼辦！」但失敗是挑戰過「對自己來說是件難事」的證明。

你不必在意「對別人來說是否容易」這件事。

重點是將之看成是「對我來說是個困難跟挑戰」。

失敗後造成別人困擾時也不須要否定自己。

所謂的生活就代表著會對每個人造成些許的不便。

人類就是會互相添麻煩又互相扶持合作。

帶著誠意道歉就好。

而且失敗一定會帶來成長的獎賞。

失敗不是成功的反面，是唯一獲得成長的機會。

回顧過去，每當我認為自己「有成長了」的瞬間，總是伴隨著失敗。

若直接進入不會犯下任何失敗的簡單模式，反而更可怕吧。

現在肯定會得意忘形，接著受到眾多人批評後消失。

我現在誠摯地認為「能夠失敗真是太好了！」

接受挑戰時，一定會遇到各種考驗。

只要預先設想「挑戰總會伴隨著考驗」，發生失誤時也不要焦急，好好想應對法就好。

無論是多麼厲害的人，都是在克服挑戰的過程中一點一滴成長。

請你也試著享受「失敗=成長機會」的樂趣吧。

讓我們在誇獎自己嘗試挑戰而失敗的同時，向前邁進。

56

沒有錢無法做任何事

正因為沒有錢，才可以做些事來賺錢。

我經常聽到人說「沒有錢什麼都做不了……」但不正是因為沒有錢，所以才會開始去做事嗎？

如果有錢，可能就什麼事都不會做，但「因為沒錢所以才去做！」這樣的情況卻很多。

我也是因為沒有錢才會去深山裡修行，如果當時還有點錢，就絕對不會去那裡（笑）。

而且「MAYU姐」這個帳號就是在深山的房子裡誕生的。

「因為沒錢才行動，因為行動世界才會變廣」

沒錢就代表著能夠挑戰全新的事物。

它會成為你的原動力。

然而必須注意的是，把金錢當成目標是很危險的。

我們不能忘記，金錢不是終點，而是通往幸福生活的手段。

當然，最一開始想著「賺錢」也沒關係，但如果只是為了賺錢，就無法聚集起錢財。

為了利益而行動絕對會被看穿，這麼一來人們就會離開你，最後也無法長久持續下去。

我認為真正被金錢所青睞的人，是通過幫助他人而獲得利益，並能夠用賺到的錢再次創造價值的人。

我們應該記住「正是為了世人，才會產生豐富的結果」。

若想獲得豐盛的報酬，就應該思考「什麼才是真正對他人有益的事」。

但是在某些情況下，可能有人是「想要錢但家人反對自己去工作」。

在這種情況下，可以清楚說出出「這是我的人生，請不要插手」。

並竭盡所能去嘗試各種事物。

現在在網上就可以快速找到工作。
此外，副業的選項、自由業的範圍也很廣。
有許多事是可以立刻開始進行的。
金錢很重要。
它讓我們安心，也擴大了選項。
讓我們將其視為讓自己和珍視之人快樂的一種方式，並慎重思考其用途吧。
下定決心的當下是最朝氣蓬勃的。
來吧，讓我們開始採取行動♪

57

無法前進

能停下腳步，心懷感謝。

我們總是有無法如願前進的時候。

我在經營社群網站的三年裡，曾無數次陷入

「我已經不行了」

「這些內容已經過時了」

「想不出好主意……」

這些念頭中，並因此停下腳步。

我不知道想過幾次「我的大腦已經無法運作了……」

這種時候，我會停下腳步，把它當成「感謝的時間」。

全速奔跑時，往往容易忽視周遭。

當只看向前方，就會錯過身邊重要的人。

因此，無法奔跑時是個好機會。

可以視為

「再度獲得了感謝的時間」

並慢慢地觀察周遭。

當停止全速奔跑，你可能會感到焦躁，但請先冷靜下來，利用這段時間感謝現在在你身邊的人和身處的環境。

這麼一來，就能重新察覺到

「很感謝有這麼多人支持著我，我並不是一個人在獨自奔跑」。

定期停下腳步是很有意義的。

58

放棄了一些東西

可以再拾起！

幾年前，我在經營別的YouTube頻道。

當時的YouTube都是上傳一些較長的影片。

因為我很講究剪輯，大概會花兩到三天剪輯一部影片。

然後我每天都會上傳影片，所以已經不記得當時怎麼安排時間的了（笑）。

因為抖音跟ＩＧ也是每天上傳影片，所以只睡三小時是常態。

這當然很辛苦，但我不斷鞭策自己

「我是因為要成功經營這個YouTube頻道才搬進了一個月五千日幣的房子！」

「因為宣言了每天都要上傳影片，絕對不能停下來！」。

但是，因為忙於上傳影片，以至於沒有時間思考重要的企劃，結果成績持續下滑。

我太執著於「不放棄」，結果沒能注意到粉絲的心聲，所以他們也漸漸遠離了我。

我意識到如果繼續下去，只會維持現狀或退步。沒有思考時間或放空時間，就無法接受新的挑戰。換句話說，無法再繼續前進。

「如果走不出這個僵局，就無法升級自己的人生！」

我在這時意識到必須要有「捨棄的勇氣」。

於是我放棄了賭上人生去做、用月租五千日幣生活換來的、擁有十七萬訂閱人數的YouTube頻道。

要質疑一直以來的信念真的很痛苦。

然而為了改變和成長，有時必須放棄一些東西。

我希望能有時間仔細思考並為未來播下種子。

為此，必須捨棄些東西，才能獲得時間。

「因為當時捨棄了，才有今天的我」

我至今還是很感激當時勇敢做決定的自己。

從那時起，我隨時都很重視質疑現狀和常識，並做出改變。

人若是想著「我現在所做的一切都將化為零！」時，就很難做出捨棄。

但是容量是有限的，很難在不丟掉一些東西的情況下加入新事物。

能夠成長的人都是有勇氣捨棄的人。

59

夢想被周遭人反對

因為被反對才是夢想！

夢想通常會受到周遭人批評。

根據我的經驗，沒有一個夢想是不被批評的。

高中三年級的夏天，我突然宣布要報考「著名的女子大學」時，老師都勸我「放棄比較好」「其他學校才考得上」。

結果我考上且順利畢業了。

上大學時，當我說出「想去大出版社實習」，周圍的大人們都說「沒那麼容易」，但我自己聯絡了出版社，雖然時間不長，依舊得到了一些工作經驗。我在俱樂部工作時，發誓「既然做了就要成為營業額第一名」，但客人告訴我：「醜女是不可能會成功的。」

6

【想活出自己的風格】人生永遠是從現在開始！

可是有好幾次我都成功登上了第一名。

而且我開始做YouTube時，也被很多人取笑過。

「無法紅」

「將來要怎麼辦？要不要找個正式的工作？」

「人生無望」

但是，我現在單靠社群網站就能謀生，也能「過著理想的生活，做自己喜歡的事，幫助別人」。

當要更進一步成立自己的公司，也有人說我「沒有社會經驗，絕對會失敗」，說得我耳朵都長繭了。

像這樣，身邊總有人會對你的夢想說三道四。

他們不是因為你說了奇怪的話或那個夢是有勇無謀才給你建言，總之不管是什麼夢想，他們都會說上一嘴。

但請思考看看。

失敗又有什麼關係呢？

而周圍的人是否會引導你走向另一個美好的夢想呢？

如果你沒有放棄夢想，對方會因為沒能讓你看到最好的景色而負起責任嗎？

那些說著「要不然放棄吧？」的朋友和家人們並不會為你做些什麼事。

大多數時候，他們只是因為擔心才這麼說，或是沒有想太多就說出口，並沒有認真思考過之後的事。

不管是朋友、家人或是其他人，他們甚至可能會忘記自己說過「要不然放棄吧？」這樣的話。

因此，人生的決定權終究是握在自己手上。

做決定的人是我，失敗的是我，受傷的也是我，責任全都是由自己承擔。

既然要負責的都是自己，就去做些想做的事吧！

60

想重新開始

人生重設ＯＫ♡可以從頭開始享受不就是最棒的？

如果想重新開始新生活，就從現在開始吧。

人生是可以重設的。

數年前，我從俱樂部辭職，開了一間美甲沙龍但失敗收場。

因為無法維持生計，所以租了一間深山中的便宜房子。

在六本木每天喝著高級香檳，為了開美甲沙龍努力存錢的人，轉生成了住在租金五千日圓的房子……

簡直就是人生重設。

即使在「人生遊戲」中，也會因當時選擇的職業和運氣而決定角色是處於底層還是位居高位。

就像你選擇的環境一樣，只要擲骰子，路線就會根據擲出的骰子改變，所以在現實生活中，只要從頭再開始擲骰子就好。

與前次的順序、職業無關。

因為這是個新遊戲。

我們可以重設環境和人際關係，選擇其他道路前進，如果失敗了就再重設下一次的環境與職業，過上不一樣的人生，不論要重設幾次都可以。

因為只是人生遊戲，可以自由重設。

你是否會想：「身而為人不能這樣吧？」

我認為無法享受人生才是問題。

我希望你可以過著就算明天是生命的最後一天，也不會後悔的日子。

無論發生什麼事，你都可以重新開始。

這麼一想，不管是任何狀況，都能「正向轉換」。

Special

正向轉換一覽

～用三種魔法，
將所有事都轉化為正面～

你可以不用再煩惱！

來進行 MAYU 姐流派的轉換技巧，將負轉正吧。

下一頁開始，將介紹「人格特質的正向轉化」「將不經意的負面話語轉變成正面」「將對他人說的話轉換為正面」。

Part 1

人格特質的正向轉化

～不管是哪種個性都是你的優點～

到目前為止，你覺得如何呢？

或許你已經發現，你所認為的缺點其實是優點。

例如我沒有協調性，不太擅長遵照指示。

所以我不認為自己能任職一間公司的員工。

但是，我有主動思考的能力，可以自己從 0 思考到 1。

雖然被說是任性，但也可以想成是有主見。

另一方面，我的男友曾經感嘆自己「沒有突出的才能」。

不過，換句話說就是「萬能型的全才」。

就我看來，是很羨慕令人羨慕的才能。

在此，我將公開 MAYU 姐流「人格特質的正向轉化」！

1	遲鈍	→	細心・有堅持
2	平凡沒有特殊之處	→	萬能型・全才
3	任性	→	有主見
4	頑固且缺乏彈性	→	很有自己的堅持
5	神經質	→	一絲不苟
6	容易厭煩且難以持續	→	有行動力
7	無法藏住情緒	→	誠實・表情豐富
8	容易受傷	→	感受性強
9	急性子	→	反應迅速・決策果斷
10	我行我素	→	冷靜・有自我主軸而活
11	怕生	→	體貼

12	膽小、沒勇氣	→	迴避風險能力高
13	容易緊張	→	能認真面對 眼前的事
14	怕麻煩	→	理性・有效率
15	優柔寡斷無法做決定	→	慎重
16	協調性差	→	有主見
17	自尊心很高	→	有向上心
18	笨拙	→	耿直
19	容易低落	→	對眼前的事 會全力以赴
20	無法拒絕	→	有責任感
21	視野狹隘	→	短期集中力強
22	好勝心強	→	重承諾

23	負面思考	→	深思熟慮
24	沒有自信	→	謙虛・後設認知能力強
25	內向	→	內心充滿能量
26	依賴心重	→	能夠全心投入某件事中
27	容易受他人左右	→	有柔軟性・適應力高
28	想說的話無法說出口	→	優雅・謹慎
29	不切實際	→	有創意・創新
30	行動力低落	→	拿起本書的瞬間就做出了行動！

你可以不必以其他人為目標！

Part 2

將不經意的負面話語轉變成正面的

～只要改變話語，每天就會變得不同～

人類會不自覺地根據所見所聞行動，這就稱之為「促發效應」（Priming effect）。因此將日常的小詞語轉變為正面用語非常重要。

先改變使用的詞彙，就能真正以正面的角度看待事物。

那麼，試著將你的著眼點改成如下的吧！

❶「疲累」「痛苦」→**你做得很好！**

☆努力到疲憊就是讚美自己的時機。

❷「真麻煩」→**有去做的價值！**

☆對待事物的心態改變了。

❸「那傢伙真讓人不爽」→**就是有這類人呢！**

☆別浪費時間說他的壞話！用「就是有這類人」來收尾吧。

❹「我只會做這些」→**這些事我能做到！**

☆與其去計較你能做什麼，不如細數你能做什麼。

❺ 事情不順利→**還有成長的空間！**

☆有做不好的事代表還有成長空間。

❻「像我這種人……」→**我也是！**

☆與他人比較也沒關係。重要的是從中變得悲觀還是將其轉變為野心。

❼「這很奇怪嗎？」→**這很棒！**

☆養成不論是多微小的事情都不要否認自己選擇的習慣吧。相信「只要自己覺得可以就好！」不要太在意其他人的眼光。

❽「今天也什麼都沒做」→**好好休息明天再努力**

☆不要否定自己，結束一天後就順利轉換心情。

❾「東西壞了。真糟糕」→**謝謝你替我擋災守護了我**

☆雖然東西壞了很可惜，但也要感謝它為你擋災，保護了你。

❿「蛤～……真可惜……」→**注定不屬於我的呢！**

☆當事情不如意，或得不到想要的東西，這句話能幫助你放下。

⓫「失敗了⋯⋯」→**唉，也是有這種事！**

☆試著接受所有情況吧。

⓬「緊張⋯⋯」→**興奮！**

☆快速從害怕轉變為期待。

⓭「沒這回事」（謙遜）→**就是這樣呢！**

☆比起謙遜更要快樂！

⓮「好忙！」→**有很多想做的事**♡

☆當把「好忙」「沒時間」「不得不做」等等掛在嘴邊，事情就真的會變負面。試著改說「想做的事太多！」

⓯「不行了」→**先休息！**

☆光是講出要休息就能讓心靈輕鬆！

★給無法停止使用負面詞語的人。

這裡介紹的是能將任何詞語轉換為正向的超級魔法技巧。

那就是用「負面詞彙＋但是～呢！」來開朗地重新表達。

即便乍看之下是負面的情況，也必定有正向積極的一面！重要的是要加上額外的正面元素。

例如像這樣。

「為什麼我如此無能……。（加上這句）**但是，這也是我的個性呢！！！**」

「為什麼會變成這樣……（加上這句）**但是，難得有這種經驗！**」

即便看似消極的情況，也一定有在這種狀況下才能做的事。

「難得的約會卻碰到下雨……。（加上這句）**但是，人很少很幸運！**」

若以我自己的經驗為例，就像是下面這樣。

「存款見底，不得不住在月租五千的房子……

（加上這句）**但是，這種情況也不會遇到第二次呢！好好享受吧！**」

請務必試著實踐這個「（加上這句話）」喔。

Part 3

將對他人說的話轉換為正面

～如此一來你跟誰都會是快樂的關係～

到目前為止介紹了許多讓情緒低落的自己時變積極正向的方法。

接下來將要介紹「能在交談中使用的正向轉換詞彙」。

掌握此技巧有許多好處！

例如：

・**能建立更好的人際關係**

・**給別人留下正面的印象**

・**自己與周遭都充斥著快樂的氛圍。**

・**變成「莫名受歡迎的人」**

等等。

那麼，從今天開始來使用「正向轉換詞彙」吧！

❶「累了？生氣了？」→**還好嗎？**

☆試著好好傳達擔心的心情吧。

❷「很忙？」→**你很努力呢！**

☆因另一半或朋友很忙感到孤單時，請關注對方的努力。

❸「不好意思給你添麻煩了」→**感謝你幫了大忙！**

☆大家都是靠互相麻煩才得以生活，重要的是有沒有好好感謝對方。

❹「算了，這樣不也挺好的嗎？」→**最棒了！**

☆如果你的答案比對方預期的還好，就會給對方留下好印象。

❺「為什麼不做〇〇呢？」→**「如果能做〇〇我會很高興！」**

☆不是逼迫對方，而是試著傳達自己的感受，建立良好的關係。

❻「我討厭那個」→**我也喜歡這個**

☆比起「討厭」，使用「喜歡」會給人好印象。

❼「不要這樣做比較好喔」→**這也是一種思考方式呢。我認為這也是個不錯的選擇**

☆頑固地否定會減弱他人的意欲。讓我們互相尊重交流。

❽「看樣子失敗了」→**你很努力呢**

☆比起結果更看重過程會令人很高興。

❾「那樣很奇怪」→**這樣看來或許也很棒！**

☆稱讚對方優點的交流很◎。

❿「（工作或戀愛）順利嗎？」→**最近過的如何？**

☆態度溫和的詢問，避免過度詢問私事。

⓫「那個不行」→**感謝你為我著想**

☆拒絕對方提案或想說相反的意見時，要先感謝對方。

⓬「一般來說會這樣」→**原來你會這樣做喔**

☆尊重彼此的個性就是 GOOD。

⓭「幫我做〇〇！」→**能請你幫忙〇〇嗎？**

☆用「拜託」而不是命令的方式。

⓮「沒什麼大不了的」「你這樣已經很好了」→**真不容易呢**

☆不要擅自揣測對方的心情。

⓯「明明我為你做了〇〇」→**有點寂寞呢♡**

☆在生氣前請試著傳達自己的心情。

如何呢？

希望你和重要之人的關係可以變得更好！

結語

讓人生的可能性變得更廣闊！

根據你看待事物的方法，看到的世界會變得更廣、更明亮。

今後就算出現負面情緒也完全沒關係。

只要擁有正向轉化的能力，不管何時何地、無論是誰，都一定能向前邁進。

請不要責備沮喪的自己。

我也是花了許多年才逐漸改變想法。

人不可能突然改變長年的思考。

只要習慣了一步一步確實轉變成正向積極，你的想法一定能會變成是：「奇怪？話說我最近正向思考的次數增加了！」

因為是由我這個後天正向的人所說的，這點毋庸置疑！

最重要的是不要貶低自己、不要自暴自棄。

只要想著，不是「我做不到」而是「我也能學會！」就好。

這本書不是要強迫你「應該這樣做」「這樣好這樣不好」，而是想告訴你

「也有這種看法唷」「若能這樣想會更加幸福！」而寫的。

我由衷希望能透過本書，拓展各位人生的可能性。

在撰寫本書的過程中，我受到了許多人的幫助。

感謝負責本書的葛原重視「MAYU姐風格」，感謝ソウノナホ繪製精美的插圖，非常棒的呈現出了積極正向的情緒，以及做出精美設計的ライラック。真的非常感謝。

請讓我以這句話當作結尾——最重要的是，我衷心的感謝所有讀者。

MAYU姐

Memo

寫下你最喜歡的正向轉換！

參考文獻

《一生役立つきちんとわかる栄養学》，飯田薫子・寺本あい監修（西東社）。
《身体を壊す健康法》，柳澤綾子著（Gakken）。
《知識ゼロでも楽しく読める！人間関係の心理学》，齊藤勇監修（西東社）。
《HSPの心理学》，飯村周平著（金子書房）。
《きれいな人の老けない食べ方》，森拓郎著（SBクリエイティブ）。
《敏感すぎる自分の処方箋》，保坂坂隆著（ナツメ社）。
《探索人格潛能，看見更真實的自己：哈佛最受歡迎的心理學教授教你提升健康・幸福・成就的關鍵》，布萊恩・李托著，蔡孟璇翻譯（天下雜誌）。
《Game Changers: What Leaders, Innovators, and Mavericks Do to Win at Life》，Dave Asprey著（Harper）。
《老化は治療できる！》，中西真著（宝島社）。
《最高の体調》，鈴木祐著（クロスメディアパブリッシング）。

Note

用三秒翻轉人生、改變未來：擊退內心小惡魔,讓黑暗面發光的正向轉化指南 / Mayu姐作；陳怡君譯. -- 初版. -- 新北市：世茂出版有限公司, 2025.04
面； 公分. -- (心靈叢書；33)
ISBN 978-626-7446-62-1(平裝)

1.CST: 自我實現 2.CST: 生活指導

177.2 114000409

心靈叢書33

用三秒翻轉人生、改變未來：擊退內心小惡魔，讓黑暗面發光的正向轉化指南

作　　者 / MAYU姐
譯　　者 / 陳怡君
主　　編 / 楊鈺儀
封面設計 / 林芷伊
出 版 者 / 世茂出版有限公司
地　　址 / (231)新北市新店區民生路19號5樓
電　　話 / (02)2218-3277
傳　　真 / (02)2218-3239（訂書專線）
劃撥帳號 / 19911841
戶　　名 / 世茂出版有限公司
單次郵購總金額未滿500元（含），請加80元掛號費
世茂官網 / www.coolbooks.com.tw
排版製版 / 辰皓國際出版製作有限公司
印　　刷 / 辰皓國際出版製作有限公司
初版一刷 / 2025年4月

I S B N / 978-626-7446-62-1
E I S B N / 9786267446614（EPUB） / 9786267446607（PDF）
定　　價 / 350元